双薪父母的挑战
消除分离焦虑
孩子的疑问
建立亲子互动网，引导良性交流
当你无法陪伴生病的孩子
晚上无法准时回家
错过孩子的重要日子
出差的时候
保持情绪稳定

忙碌的双薪父母，如何才能教出快乐健康的孩子？

好孩子是陪伴出来的

再忙也要陪孩子，再忙也能陪孩子

THE STRATEGIES HOW WORKING PARENTS STAY CONNECTING WITH KIDS　　[美]克莱尔·刘/著

生活·读写·旅游
BOOK
广东旅游出版社
GUANGDONG TRAVEL AND TOURISM PRESS

图书在版编目（CIP）数据

好孩子是陪伴出来的：再忙也要陪孩子，再忙也能陪孩子 /(美) 刘著.
-- 广州：广东旅游出版社,2013.4
　ISBN 978-7-80766-467-3

Ⅰ.①好… Ⅱ.①刘… Ⅲ.①家庭教育 Ⅳ.①G78

中国版本图书馆CIP数据核字(2012)第304236号

著作权合同登记号 图字：19-2013-006

本书中文繁体字版本由风向球文化事业有限公司在台湾出版，今授权广东旅游出版社
在中国大陆地区出版其中文简体字平装本版本。该出版权受法律保护，未经书面同意，任
何机构和个人不得以任何形式进行复制、转载。

项目合作：锐拓传媒 copyright@rightol.com
特别鸣谢：封面模特邝炜皓、邝爸邝妈，咖啡豆子摄影工作室

◎策划编辑：张晶晶
◎责任编辑：张晶晶
◎封面设计：何汝清
◎美术编辑：谢晓丹
◎插　　图：小　明
◎责任技编：刘振华
◎责任校对：李瑞苑　刘光焰

广东旅游出版社出版发行

（广州市越秀区先烈中路76号中侨大厦22楼D、E单元　邮编：510095）
邮购电话：020-87348243
广东旅游出版社图书网
www.tourpress.cn
深圳希望印务有限公司印刷
（广东省深圳市坂田吉华路505号大丹工业园二楼）
889毫米×1194毫米 24开 $7^1/_3$印张 65千字
2013年4月第1版第1次印刷
印数：1-8000册
定价：28.00元

好孩子
是陪伴出来的

The Strategies
How Working Parents Stay Connecting
With Kids

短暂分离是

为了美好的未来

　　身为三个孩子的母亲，以及丈夫经常出差的妻子，我对于父母出差会为家庭带来何种压力十分了解。当丈夫出差时，我的生活便进入备战状态，随时得面对单亲家庭可能遭遇到的种种困难，例如孩子们整天不停地问着"爸爸什么时候回来？"等问题，更教人难以应付的是，看到孩子和出差的爸爸因为分离、无法联络、无法陪伴而产生的无助感受。面对双薪家庭的教养问题，虽然我已尽了最大的努力，但仍时常觉得对孩子无比愧疚。

　　丈夫出差在外时，我会想办法让孩子知道他们的爸爸在什么地方、在做些什么工作、什么时候会回家，同时也会想办法让他们彼此保持联系，并安抚孩子想念爸爸的心情。

　　当孩子渐渐长大并开始上学，一家人的生活也有了改变，除了我们自己工作上的问题，孩子上学和参加活动的状况、家里有人生病、家人相处的时间变少了，这些都是新的挑战，也让我们更清楚地看见，不论家庭成员的年龄和身份为何，每个人都有不同的问题要面对。

随着家庭需求的改变，我们使用的策略也随之改变。在与孩子分处两地时，我和丈夫会想出10多种联系的方式，并善用手边任何可以利用的东西，以达到沟通的目的。例如因为晚上必须加班开会而无法回家时，我们会想办法在晚餐时或在孩子的书桌上留下传递爱意的信息；当我们无法陪伴生病的孩子，或无法出席孩子的重要场合时，我们会想出各种技巧与方式，帮助自己克服痛苦和沮丧。

我把这些技巧与方式记录下来和朋友们分享，希望父母亲们在与孩子分离时知道如何回答孩子的疑问，进而让他们觉得安全、放心、受到疼爱，同时也希望父母们能根据各自家庭的需求，适度地调整技巧与方式，借此带给家人美好的回忆、增加家人彼此联系的频率，并更进一步发展出自己的技巧与方式。

当父母，不可能永远不出错，也不可能永远一个人承担一切。尽管双薪家庭的父母生活步调匆忙，但通过这些技巧与方式还是可以帮助家人的。我期望父母们能带着较少的罪恶感出门，孩子们能了解与接受生活中不可避免的分离时刻，而且就算不在彼此身边，也都能感受到彼此的爱与关心。

第一章

双薪父母的挑战

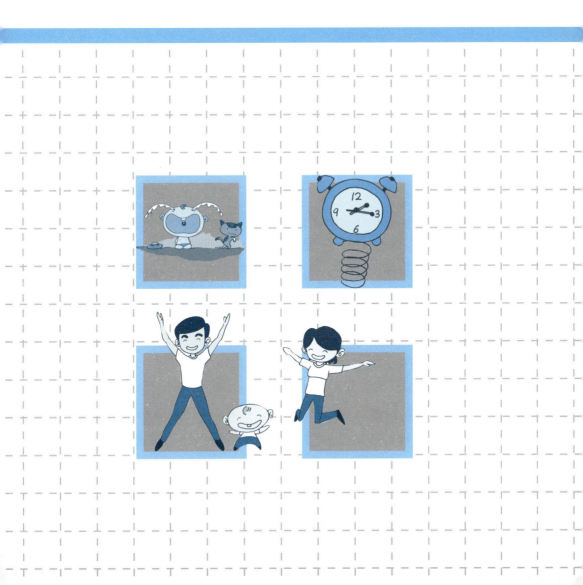

从你把新生儿从医院带回家的那一天起，到送孩子离家上大学，或孩子离开你去追求事业的那一天为止，每一天，都是父母的挑战。尤其当孩子还在幼年与童年时期，对父母的高度依赖总让父母片刻都不忍心离开他们。

只是，不论你如何努力，为人父母总会有缺席的时候，任何一个父母都无法分分秒秒地守在孩子身边。其实，缺席并不重要，重要的是孩子如何看待父母缺席这件事，而这也是父母需要努力完成的任务。父母必须协助孩子了解、整合父母不在的这些时刻，如果父母处理得宜，自然能提升孩子的自我价值感，变得更加独立、对世界更有安全感，也懂得与人保持联络的技巧；他们会明白，就算父母偶尔或经常会缺席，双方也一样能建立起紧密的情感与联系，因为，虽然无法每天都在一起，但心灵与精神上却时时刻刻相依相伴。

生活中一定有必须分离的时刻。如果你和绝大多数人一样是个上班族，那么有许多时候是必须得和家人分开的，每个上班的日子，你和孩子一大早便各自奔赴不同的地点，除了这个固定缺席的时间之外，有时你还得加班、到外地出差，或是外出参加应酬，这些都是你不得不成为缺席父母的理由，而且即便是全天候的家庭主妇或主夫，也仍然得面对和孩子分开的情况。

如果你的孩子性格比较独立，那么分开的过程会很顺利，几个拥抱、亲吻，再加上一句"待会儿见"就行了；但是，若你的孩子依赖性强，或是孩子忽然变得很粘人，那么和孩子分离时就会变得困难重重。

　　当家中有0-12岁的孩子时，"分离"对双薪父母与孩子来说都是巨大的挑战。就算分离的过程很顺利，我们还是会挂念孩子，会担心他们是否有得到妥善的照顾，是不是一切安然无恙，是不是过得开心快乐。

　　特别是在分开的时候，听到孩子语气焦虑地问："你要去哪里？""你什么时候回来？""我可以跟你一起去吗？"这些问题更令我们不由自主地心生愧疚。不过，既然分离是无法避免的，那么父母就该想办法帮助自己和孩子减轻分离的焦虑，尝试如何以愉快、轻松的态度面对无法共度时光的遗憾。

>> 无法陪伴孩子

大多数时间我喜爱在家中和女儿待在一起，但有时，当我站在窗边看见其他父母去工作，这让我觉得自己没有为自己的生命做过什么。

当个全天候妈妈留在家里教养子女，其实并不是一份吸引人的工作。即使你的能力再好，它也无法给你升迁的机会，没有休假的时间或午餐时间，而且每天得疲累不堪地超时工作，更无法享受劳工保险的福利。这看起来就像一份毫无价值可言的工作，然而全职父母的工作就像所有上班族做的任何工作一样，都具有相当的生产力与价值，毕竟没有任何事会比教养出一个健全的人更重要。

但是，外出工作真的会感觉自己比较有价值，比较有成就吗？调查显示，孩子与父母分离会产生焦虑感，而外出工作的父母——尤其是母亲——经常会因为与孩子分离而显得情绪低落，因为无法随时照顾孩子而感到有罪恶感，于是人在外面，心却留在家里，甚至觉得自己不像个父母。尤其是必须到外地出差过夜时，对家中有年幼孩子的父母更是一种煎熬。

孩子的分离焦虑

对绝大多数年幼的孩子而言，与父母分离时心里都会产生分离焦虑感，在他们的心中，分离没有时间的长短，短暂的分离对他们来说就像永恒那么久，令他们感到焦虑不安。他们可能会在早上你送他们到幼儿园门口或小学门口时，用让人心碎的声音喊着："妈妈，不要走！"这种情景常常让你痛苦地对孩子深感内疚。

以下几个方法，可以帮助孩子减轻分离焦虑情绪。

■ 缩短说再见的时间

减轻孩子分离焦虑的最好的方式，就是缩短说再见的时间，这个方法不但可以减轻孩子焦虑的情绪，还能让孩子知道一切都不会改变，让他们的心情可以安定下来。

■ 创造分离仪式

透过一个固定的分离仪式，把这个令人心情低落的时间变得轻松、容易一些。每天与3个孩子在幼儿园与小学门口分离时，我会亲吻一下她们的额头，并把一个飞吻吹到孩子的手掌中，再将她们的手掌合起来，然后对她们说："你看，妈妈一直都在你身边喔！"即便老大上了小学后，已不再有分离焦虑的情况，但她还是会向我索取额吻与飞吻，因为那些吻让她觉得与我很亲昵。

我的朋友苏太太，则是利用物品来帮助读幼儿园的女儿转化，从女儿3岁上幼儿园至今1年多了，她每天送女儿到幼儿园门口时就会拔下头上一个漂亮、可爱的发夹，夹在女儿的头发上，并对女儿说："这个发夹是我们俩的最爱，现在你帮我戴着，一直到我放学来接你哦！"女儿每次戴上那个发夹就很高兴，好像她与妈妈的心紧紧连在一起。

■ 不要偷偷溜走

不要趁着孩子转身之际、不注意或玩得正专心的时候，没有向他们说再见就偷偷摸摸地溜走。你以为他没有看到你离开就不会难过、焦虑，但是等到他们发现父母不见了的时候，反而会更加感到慌张不安。你可以告诉他："你乖乖去上课，等你放学的时候，妈妈一定会站在校门口等你。"

■ 不要拖拖拉拉的不忍离开

当孩子不想让你走的时候，一定会让你痛苦万分。在那些场合里，你可能会企图拖延离开的时间，直到看见一个笑脸为止，但是大部分的时候，这么做只会把痛苦的时间拉长。不要说"如果我现在去上班可不可以"来请求孩子允许。这个答案一定会是很洪亮的："不！"相反的，你可以用陈述事实的方式说："拜拜咯！小南瓜，吃完点心之后，我就会看到你啦！"

因分离而情绪低落

　　分离焦虑不是孩子的专利，父母一样得面对分离带来的情绪问题。即使是最高兴的人，也不可能时时刻刻都是笑嘻嘻的，所以心情低落时，你也没有必要用罪恶感来加剧已经沉重的心情。当你因为与孩子分离而陷入低落情绪时，不妨让孩子知道你只是个平凡人，偶尔也会有情绪低落的时候。孩子是很敏感的，当你隐藏负面情绪去陪伴他时，他绝对可以感受到你的情绪，而他的情绪也会受到影响，这样的陪伴并不会带给他快乐与心情上的稳定。因此，绝对不要让忧郁低落的情绪影响你正常的作息、家庭气氛、工作或人际关系。

　　让孩子知道你的喜怒哀乐，就是让孩子了解生命有起有落，有时表现出伤心并没有关系，而且能让别人分担自己的忧伤也是很好的，但是绝不可以把负面情绪加于孩子身上，那是不公平的。孩子偶尔可以处理"妈妈今天心情有点不好、有点悲伤"的状况，但无法承受与处理"妈妈都是因为我才伤心、心情不好的"的情境。

当清楚知道自己的情绪低落是因为与孩子分离所致时，你便可以透过追踪的方式学习控制它。如果你觉得自己陷入情绪低落的次数很频繁，就试着把它们记录下来，包括发生的时候、你的心情、孩子的心情等，然后在下次情绪陷入低潮前，想办法让自己的心情保持冷静与平静。

　　另一个解决情绪低落问题的方法是，找一个同情的耳朵，你的配偶、朋友、亲戚、治疗师、父母联盟团体等，都是很好的倾诉对象。如果你平日没有为自己保留一些沟通的时间，现在就把它安排进去，像是在孩子上床睡觉后和配偶好好聊一聊，或是利用假日和朋友一起吃饭聊心事，这些都能帮助你舒缓低落、忧郁的情绪。

因工作而有罪恶感

我喜欢工作，而且我觉得整天待在家里带孩子会令我发疯，但是当我看到其他妈妈们留在家里照顾、陪伴孩子时，我心中的罪恶感便加剧，对无法陪伴孩子而感到内疚不已。

你是你，不是其他妈妈，不必勉强自己和她们一样留在家里陪伴、照顾孩子，当你的人在家里、心却在外面时，相信你无法得到快乐，你的孩子也一样。有的妈妈原本就乐于陪伴、照顾孩子，有的妈妈却不见得适合如此。对其他父母及小孩有利的方式，不一定对你及你的小孩也有利；反之亦然。你的快乐与满足对小孩是很重要的，那也是他们快乐与满足的来源之一，如果你的快乐与满足是来自外出工作，那你就该那么做，因为这不只是为了你自己，也是为了你的孩子。

一旦决定外出工作，就不要觉得会因为无法全天候陪伴孩子而影响到孩子的将来。根据研究显示，在一切条件相等的情况下，母亲外出工作的孩子并不会比母亲留在家陪伴、照顾的孩子在情绪上更容易受到影响或者适应力较差，而且不论是在学业上或人际关系上，两种孩子的表现都相等。

所以，不要因为决定外出工作、无法陪伴孩子而产生罪恶感；相反的，应该对身为现代妇女感到庆幸，因为你不只有一种选择，而且可以选择让自己快乐。当你是个快乐的妈妈时，才能养出快乐的孩子。

　　如果你还是会因为无法陪伴、照顾孩子而心生内疚，以致无法专心工作，不妨参考下列提供的建议，也许它们可以减轻每天朝九晚五的你的内心压力，并更加拉近你与孩子的距离。

■ 固定例行事项

　　把例行事项的时间固定下来，如此不但可以安抚宝宝，更能帮助总是手忙脚乱、跟不上时间表，且对突发状况慌乱不知所措的双薪父母。你可以为你和孩子设定一些固定的仪式，例如早上穿衣前的亲昵对话与拥抱、一起吃早餐聊聊这天要做的事、午餐时通个电话、下班后一起散步谈谈当天发生的事情等。

■ 给孩子一些联系情感的小东西

　　找些属于你的小东西，像是你经常使用的手帕、上班时所拍的照片、与孩子在沙滩上的合照、有你的照片的过期证件等，让孩子带在身边，这样在你们分开时，孩子仍能感觉到彼此的亲近，从而降低焦虑。另外，把一些属于孩子的小东西带在身边，对你也有相同的作用。

■ 留个爱的小字条

在孩子的书包里、中午的便当盒上，或午休时睡觉用的小枕头边放张字条，请保姆或老师帮忙念给孩子听，表达你对孩子的关爱。

■ 保持联络或来个午餐约会

利用中午时间打电话回家，与孩子简短闲聊一下。如果你工作的地方离家或孩子就读的幼儿园很近，那么可以试着每两周或每个月与孩子一起共进午餐，但如果孩子在午餐后不愿回家或幼儿园，就应该停止这种午餐约会。

■ 带孩子参观你工作的地方

偶尔可以带孩子到你工作的地方参观一下，让他认识你的同事，并向他解释你上班时都在做些什么，也可以让孩子坐在你的位置上，"感受"一下你上班时的情景。这样当他与你分离时，他会知道你在什么地方、都在做些什么，这些画面有助于你们感情的联系。

该不该留在家里

在照顾了儿子一年后，我回到职场工作，现在他已经给保姆带了一年半，但我每天要和他分离时还是会感到心情低落，上班时也会想他想到落泪。我真的不想离开他，但心里很清楚，如果不去工作的话家里的经济会很吃紧，不过我还是很想留在家里照顾他。只是在浮现这个想法的同时，我又觉得自己违背了新时代独立女性应该外出工作的信念。

对很多人而言，女性主义背后的意义，应该是选择变多了，而不是选择受到了限制。一个想要留在家里的女性，不应被迫外出加入就业市场；同样的，一个想外出工作的女性，也不应被迫留在家里。当你选择留在家中照顾孩子时，无须觉得自己违背了新时代女性应有的信念，反而要觉得有这个选择是种福气，毕竟你还能够做选择，而有些女性却毫无选择的机会。

许多学历、能力都很好的女人，在有了孩子之后，毅然决定留在家里照顾孩子，因为她们认为孩子比任何事业上的成就都重要，认为孩子才是她们人生中最重要、最棒的成就。她们是自己选择留在家里陪伴孩子成长，不像上一代的女性被迫留在家里做这件事。

有些女性宁愿放弃大好的工作机会，选择留在家中陪伴孩子；有些女性则觉得自己的个性不适合带孩子，所以宁愿选择外出工作。所以，放手去做任何你觉得对你有益的事情吧！如果在家里陪伴、照顾孩子一段时间后，发现自己很难达到想要的目的，或者很难忘记工作的刺激，那么就再重新考虑并寻找其他的折中办法。

　　许多父母发现，不论是全天候在家带小孩或是外出工作，都不能完全满足他们的需求。他们想要照顾宝宝与工作兼得，并在经济许可的情况下，在工作及家庭间找到折中的办法。父母可以考虑的折中办法如下。

■ 选择弹性的上班时间

　　有越来越多的企业允许员工设定自己的上班时间，尤其是已经结婚的员工。这种弹性的工作时间设定，可以让家有宝宝的双薪夫妻不需拘泥于朝九晚五的工作时间，而可以把时间错开，早点或晚点上下班，例如爸爸的上班时间从7:30到3:30，妈妈的时间从10:30到6:30。如此不但可以减少爷爷奶奶的负担、保姆工作的时数，夫妻双方陪伴孩子的时间总和也会增加。

■ 与另一个家庭共同分担工作

　　想兼顾家中宝宝与工作的另一个方法，就是与另一个有同样需求的家庭组成联合阵线，彼此分担照顾与陪伴宝宝的工作。你可以与另一个家庭的妈妈彼此配合，一个上午上班，另一个下午上班，或者一个周一到周三外出工作，另一个周四到周六工作，如此一来，就可以减轻并缩短与孩子分离时的不安感。

■ 减少工作时数与收入

　　如果配偶无法配合你采取弹性上班的方法，也无法找到有同样需求的另一个家庭，那么不妨考虑减少一两小时的工作时数，当然这也表示你的薪水也要跟着减少。这个方法可使父母有较多的时间和孩子相处，而对雇主来说，你的身份和一个全职员工并没有太大差异，仍然每天到公司上班，只是比其他员工提早一点下班罢了。

　　许多员工在减少工作时数后有更多时间和家人相处，也不再因长时间一直工作而筋疲力竭，由于压力减轻、个人满足度提升，他们工作的生产力与全天工作职员的生产力一样好，这样的结果反而对劳资双方都有益处。

■ 兼职的工作

只要合理且经济上可行，不论是一天几小时、一星期几天或一年中几个月的兼职工作，对许多有宝宝的家庭都是很有吸引力的。由于兼职者的生产力通常较高（通常在感到疲倦及效率减低前就已下班），雇主也可以从中得到好处。

你的时间要怎样安排最好（如果你可以选择的话）则视你及宝宝而定，有些父母及小孩比较喜欢较长时间在一起而不被打扰（整整两天或两个星期），而不是每天有半天在一起；有些则比较喜欢每天分开半天，而不是分开一段很长的时间。

■ 在家工作

有些父母为了能够照顾家中的宝宝，他们选择离开职场，转而在家里接案工作。许多职业只要透过电脑传真机与电话等便能够兼顾家庭与工作，例如旅行社代理人、房地产中介、商业艺术、开网店、编辑、翻译、写作、插画等，这些父母可以利用孩子休息与睡觉期间完成他们的工作。

觉得自己不像个父母

在产假结束后，我便回到工作岗位上。我工作时总是非常想念又担心女儿，而且常感到内疚，觉得自己没有尽到做母亲的责任，甚至觉得自己不像个妈妈。毕竟，在我清醒的时候，陪伴她的时间比保姆还少，感觉上好像保姆还比较像她的妈妈！

并不是只有在职父母才会觉得自己不像个父母！在家专职带小孩的父母，其实也无法肯定自己像个父母，特别是由于幼儿带有不可预测及无法理解的特质，因此幼儿的父母可能比其他年龄层小孩的父母更容易怀疑自己的角色。

当个专职的父母，投注大量时间陪伴与照顾孩子，并不能确保亲子关系一定和谐美好；而一个在职父母若懂得运用时间陪伴孩子（例如聊天、倾听、游戏、工作时让孩子在一旁），反而可以弥补亲子分离的时间，让亲子关系加温。可见，与其计较夫妻间谁花比较多的时间陪伴孩子，不如放松心情并尽力享受你和孩子在一起的每分每秒。

身为父母从来就不是件容易的事（问你的父母就知道），但随着越来越多的双薪家庭出现，以及前所未有的培养超级儿童的压力，使得当父母这件工作变得更加辛苦。但是，即使压力这么大、身为父母的步调这么快速，通过下列的建议，你还是可以保持清醒的头脑与平静的情绪，肯定自己在家庭与工作上的努力的。

■ 学习压力控制

压力是生活中无可避免的一部分，尤其是对家有宝宝的父母而言，但只要学会如何应付它，就不会让压力控制了你的生活，令你神经衰弱。把生活中会造成压力的因素全部列出来，然后评估你对每项压力的来源有多大的控制力，并将它们分成三种类型：可能无法控制的、可以某种程度控制的、可以完全控制的。先从"可以完全控制的"类型开始着手，决定控制它们的方法与时间。

也许，某些压力的来源是可以完全消除的，假设兼顾工作与家庭会令你筋疲力竭，可以考虑暂时离职留在家中照顾孩子，或者把工作时间缩减为半天，或者改用兼职的形式，又或者换个令你们更满意的保姆等。总之，你必须找到应付压力的方法。

■ 行事注重条理与效率

做事情有组织、条理分明，会让你的生活变得有效率且轻松许多，也比较能够掌控生活的节奏。随身带个小记事本，把每天要做的事情全记录下来：家事、杂事、采购、照顾小孩的任务、必须完成或跟踪的工作等；然后将每件事情依时间与重要性分别标上A、B、C的优先顺序：A表示一定要完成，B表示在明天结束前必须完成，C则表示有空闲时再慢慢做。有了如此条理清楚的分类后，能帮助你不再陷入混乱失控的生活，不会觉得每天好像都有做不完的事情一样。

■ 寻求协助

寻求任何可能的协助，结合更多有同样需求的人的力量，借以减轻、分散你的压力。例如建立父母合作网络，与其他父母轮流看顾并接送孩子上学；请家中的长辈帮忙分担照顾幼儿；雇用钟点清洁人员每周两次帮忙打扫家里，让你有较多时间陪伴孩子等。此外，你还需要寻求情绪上的支持，透过倾吐生活中的问题来为情绪找到出口，如果你很难和配偶讨论这些，那么就向其他处境相同的父母倾诉。

■ 善待自己与夫妻关系

如果可以的话，每天为自己做些事情；如果不能做到的话，至少每周一次。去看一场你喜欢的电影、泡个舒服的热水澡、做个全身美容按摩等，如此小小的放松，必定能够让你暂时抛开压力，感到身心愉快。

每个月至少一次，在孩子睡着后，和你的配偶共进晚餐；或者请自己的父母或钟点保姆帮忙照顾孩子，让你们夫妻一起看场电影或外出用餐；偶尔在周末时请家中长辈或父母合作网络帮忙照顾孩子，然后夫妻两人出外旅行，这些都是很棒的点子。只有夫妻俩共处的时光不仅有助于婚姻关系的稳定，也有益于你们的心理健康。

■ 利用时间做运动

经常运动可使你的心灵苏醒、恢复身体活力、减轻生活压力、改善你的态度，让你的心情保持愉快。如果没有时间上健身房运动，不妨把运动时间融入你每天忙碌的生活中，例如上班时舍弃电梯改爬楼梯；下班后提早一两站下车，然后走路回家；和孩子一起在地毯上做有氧运动等。

第二章

消除分离焦虑

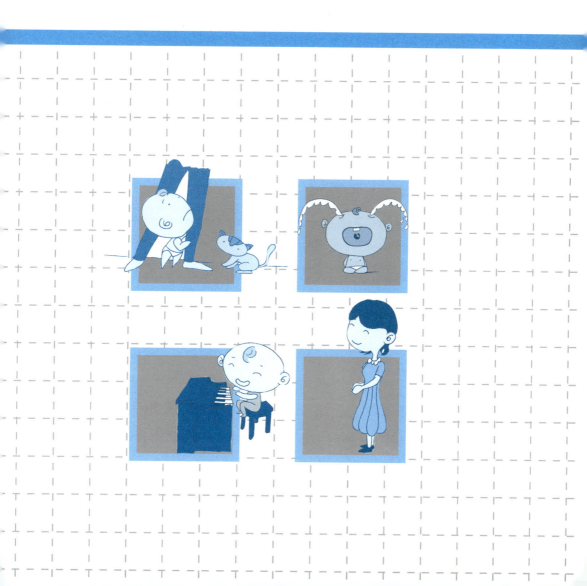

我朋友玛丽的儿子似乎年龄越大越依赖她，现在他已经快3岁了，但只要妈妈一离开视线，他就会立刻放声大哭。即便妈妈在他的身边陪伴，但只要她分心做其他事情，他就会开始用力拉她的手或抱她的脚，想让她无法专心做事情；更别说妈妈只要一离开家，他就会开始大哭。当妈妈必须外出办事情时，会请保姆帮忙照顾几个小时，但每次他都哭到保姆实在无法招架，只好打电话叫妈妈快回家，而儿子也只有看到妈妈回家时才肯停止哭泣。

　　另外，我也发现，分离焦虑好像不是孩子的专利，有些父母和孩子分离时，孩子好像完全不受影响，不哭、不闹、也不会粘父母，反倒是父母发觉自己感到很不自在，总想时时刻刻守在孩子身边，一和孩子分开，就会感到焦虑不安。

>> 克服分离焦虑

　　有的孩子很早就能情感独立，有的孩子上了幼儿园后才开始渐渐独立，也有的孩子到了上小学时仍然充满分离焦虑。陪伴、照顾孩子是所有父母最想要做的事，但对双薪家庭的父母来说，若孩子一直无法克服分离焦虑的问题，反而会更加重父母工作时的不安情绪。

　　为了兼顾家庭与工作，父母得先解决孩子的分离焦虑问题，孩子的分离焦虑行为会以许多不同的方式呈现，双薪家庭的父母该如何在孩子感觉安全的情况下，帮助孩子克服分离焦虑？

强烈的依赖行为

　　学步儿总是好奇地探索世界，但是当他感受到外来世界的威胁压力时，便会立刻飞奔到父母的怀里。其实，幼儿这种既独立又依赖的矛盾现象是很正常且合理的，孩子的世界虽然渐渐变大了，但父母仍是他们的世界中心。虽然父母对现象通常感到欣慰，却也是一项负担，因为父母得一边工作，一边分心照顾紧抱着父母的脚、伤心哭泣的宝宝。而在这种两者无法兼顾的情况下，父母只能一面对幼儿充满罪恶感，一面勉强地完成工作。

　　宝宝如此强烈的依赖行为，不只妨碍了父母的工作，也影响宝宝在身体、心智、情绪、社会关系上的成长发展。因此，父母必须小心处理宝宝这段困惑时期，必须给予孩子充足的安全感与支持，但绝对不要过度保护，以免影响其应有的正常成长发展。

　　父母该如何让宝宝带着信心，慢慢学习独立，不再时时刻刻粘着父母呢？

　　以下是我建议的方法。

■ 给宝宝满满的关注

研究发现，当父母对宝宝的关注越充足，宝宝就越不会想要时时刻刻粘着父母不放，或想独占父母的注意力，所以父母可以尽量找时间陪伴孩子，陪他一起唱歌、说故事给他听、和他一起玩游戏等。充足的关怀可以帮助孩子建立自信心及安全感，进而有勇气学习独立，渐渐的，孩子对父母的强烈依赖心也会随着时间减轻。

■ 分散孩子的心思

就算父母只是暂时离开孩子几分钟，也要找些事情给孩子做，借此分散孩子的心思。例如，找一些他一个人可以进行的游戏或活动给孩子做（像是画图、堆积木），等他因专注而忘记父母，不再时时刻刻粘着父母时，父母就可以做点自己的事了。

■ 保持冷静、从容的态度

父母常会在不知不觉中将自身的焦虑传给宝宝，进而导致宝宝的情绪无法安定，因此遇到紧急事情，必须暂时离开孩子去处理时，父母务必保持冷静且从容不迫的态度，以面带微笑的沉稳语调对孩子说话。

如果孩子仍然哭闹着不让父母离开，父母也绝对不要露出烦躁的表情，请以平静、轻松的语气对他说："不用担心，我保证很快就回来陪你。"等事情处理完后，也要以同样轻松的态度对他说："我答应你很快就回来陪你，你看，我是不是很快就回来了？"久而久之，孩子会相信且习惯父母真的只是暂时离开，也就不再哭闹不休了。

■ 不要留恋宝宝的依赖行为

随着宝宝的成长，他们会开始脱离父母、学习独立，有些父母这时反而会有失落感，觉得孩子不再需要自己，因而舍不得放开孩子的手，留恋并希望孩子能够继续依赖自己。这些父母会暗暗高兴宝宝对自己的依赖，但他们却没有警觉到，这种心态只会助长孩子的依赖性，所以父母必须随时自我提醒，避免对孩子的依赖行为有所期待，以免阻碍宝宝的正常成长发展。

如果你用尽所有的方法，孩子依然片刻都无法离开你的话，那么就先让他依赖，不要强迫与他分离，以免造成他内心的恐惧，之后再趁机开导他即可。一般而言，幼儿的依赖行为是很正常的，且大约会持续到上幼儿园后才会慢慢改善，对此，父母不妨让孩子与外界多接触，协助他早点独立。

孩子的分离焦虑情绪

从宝宝出生的那一天起，他们的人生就伴随着一次又一次的分离，因为每个新阶段的成长都代表一次新的分离。断奶改吃固体食物，代表着离开妈妈的乳房；学会爬、坐、走路，代表着离开妈妈的怀抱；紧接着，上学、离家参加夏令营、到外地上大学等，都是一次又一次的分离，因此父母应该趁着孩子年幼时，协助他学习处理分离的场面，这将有助于孩子未来处理不同阶段的分离情绪。

一般而言，在10个月大到2岁期间，许多学步儿在与父母分开时都会出现分离焦虑的情绪、露出明显的痛苦忧郁。有些孩子从未出现分离焦虑的情形，但有些孩子的分离焦虑情绪会延伸至3岁，甚至到更大的时候。这类容易陷入分离焦虑情绪的幼儿，如果除了父母之外，得不到其他大人的关爱或很少接触其他大人，他们的焦虑情况会变得更严重。

以下几项建议，可以帮助父母和孩子解决分离时的焦虑问题。

■ 重视孩子的焦虑情绪

当孩子哭喊着求父母不要离开时，父母要重视孩子的焦虑情绪，但不要反应过度与紧张，虽然内心会有不忍，不过仍得实事求是，该做的事还是要做。面对孩子的分离焦虑时，父母应以冷静、同情的态度安抚孩子，但最后还是要坚定地离开他，千万不要因为心软而误事。

■ 帮孩子建立安全感

有些父母为了让孩子早点学会独立，于是采取铁腕手段，经常刻意离开孩子，让他长时间独处。这种训练孩子独立的方式会让孩子还来不及真正学会独立，就已经变成一个极度没有安全感、容易情绪焦虑的孩子。

在训练孩子独立的过程中必须要很有耐性，而且绝对不要随意或刻意离开他。当孩子面临生活的转变或遭遇压力时，父母更需要加倍关爱孩子，慢慢培养孩子的安全感，等孩子有了安全感后，再与父母离开时就不会容易出现焦虑的情绪，同时学习独立的速度也会比较快。

■ 千万不要偷偷离开

很多父母为了不想和孩子分离时，看到他伤心哭闹、难分难舍的情景，于是趁着他们不注意或睡着时偷偷离开。其实，这种方法不但无法消除孩子的分离焦虑，反而让孩子更觉得没有安全感，以至于下次更紧盯着父母的一举一动，只要发现父母有离开的征兆，就会紧粘着父母不放。所以，父母应该把握每次和孩子分离时的"程序"，借此帮助孩子建立信心与安全感。

■ 别让孩子掌控局势

许多父母为了安抚孩子的哭闹行为，会尽可能满足孩子的需求，而孩子也很聪明且很快地察觉到，"哭闹"就是他掌控局势的最大筹码，从此渐渐学会以哭闹来得到想要的东西。

让孩子知道哭闹是无法得到想要的东西，对孩子是很重要的童年课题。父母绝不要因为孩子大哭大闹就让他为所欲为，而是应该按照上述方法，按部就班地进行，在该与孩子分开时不要三心二意地犹豫不决，要让孩子知道局势是由你掌控的，同时也要让他习惯由别人来照顾他。

■ 抛开愧疚感

大部分的父母在与孩子分离时都会感到不舍，尤其是看到孩子伤心哭闹的模样，内心更会浮现深深的愧疚。其实，父母难免会感到愧疚，但这样的愧疚毫无建设性可言，不但无法减轻孩子的焦虑情绪，反而会令孩子觉得你离开他是项错误的行为，所以才会充满内疚感。收拾起你的愧疚吧！想办法解决孩子的焦虑才是务实、正确的态度。

父母的分离焦虑情绪

分离焦虑不只会发生在孩子身上，许多父母在与孩子分离时也一样会出现情绪焦虑。造成父母分离焦虑的原因有很多，但最本能的原因是为了保护孩子，有如母狮保护幼狮、母鸡会在小鸡身边徘徊一样。除了本能的原因外，还有许多较为复杂、难以解释的原因，只有父母——找出，才能处理此种情绪。通常导致父母分离焦虑的原因有许多种，以下是几个常见的因素。

■ 不放心由别人来照顾孩子

许多父母都不放心把孩子交给其他家人或保姆照顾，总觉得没有人能够像自己一样有耐性又有爱心地照顾孩子。事实上，父母们有这样的担心是难免的，爷爷奶奶或外公外婆带孩子相对比较放心，但还是会担心孩子的安全和教育问题。换个角度想，自己和老公也是他们带出来的，就会安心一些。如果要请保姆，则要谨慎挑选并进行训练，和保姆沟通及清晰地传达你的要求，孩子相对能受到良好的照顾。

■ 离开孩子会有罪恶感

有时候父母因为财务、情感或工作因素而必须离开，心中难免会产生罪恶感，其实父母只要平时能给孩子充分的爱与关注，外出时能让孩子得到很好的照顾，这样就已经尽职了，大可不必因为偶尔分离而产生罪恶感。更何况，和孩子分离对亲子关系具有正面帮助，孩子可以借此机会和外人接触，扩展他的世界，父母则可以回到正常的人际关系。

和孩子分离会令父母产生罪恶感，看到孩子泪流满脸地哀求父母不要离开时，父母心中的罪恶感更会排山倒海而来。不过，有时候孩子的眼泪是一时的，等到父母踏出家门后，他们的哭闹要不了多久就会停止。

■ 对照顾者产生嫉妒

双薪家庭的父母总希望能为孩子找到最好的照顾者，能够有爱心、负责任、随时注意孩子的人，让孩子不会因为与父母分开而焦虑哭闹。只是，当真的找到一位理想的照顾者时，父母又常会暗自矛盾、挣扎与担心，害怕爷爷奶奶、外公外婆、其他亲戚或保姆表现得太好，孩子反而对他产生强烈的依赖感，最后取代了父母在孩子心中的地位，成为孩子最喜爱的人，让父母感到自尊心受伤。

许多父母都经历过此种矛盾的复杂心理阶段，但这种心理其实是杞人忧天。虽然其他人能够把孩子照顾得很好，但再幼小的孩子也很清楚，没有任何人可以取代父母在心中的地位。随着孩子逐渐成长，就能发现父母会永远陪伴他。所以当孩子很喜欢依赖别人时，父母应该高兴自己做了正确的选择，让孩子得到更多人的爱与照顾；当父母下班回家，看到孩子和家人或保姆玩得很开心，却对自己视若无睹时，不妨视之为孩子适应良好，终于可以解除孩子的分离焦虑。总之，能够看到孩子每天都很快乐，这才是父母主要的目的与欣慰，嫉妒照顾者就免了吧。

■ 不愿意放手

大部分的父母都非常热衷于亲子关系的经营，有时甚至会过度重视，反而让经营亲子关系的重要性超越生活中所有的事情。在孩子刚出生的前两年，亲子关系的经营确实能为父母带来非常快乐的时光；但长期而言，这种不愿意放手的行为不但会让孩子丧失学习独立的机会，也会阻碍父母的自我成长。孩子迟早会与父母分离，不论父母愿不愿意接受、能不能面对，这件事早晚都会发生。

轻松面对教养

　　三个孩子还小的时候，我总是把教养视为一件工作，就像到企业上班一样，凡事讲求责任、效率、目标，而且不停地担心自己无法胜任这份工作，以至于无法享受与孩子相处的乐趣，害怕自己万一哪个地方做得不好，就会犯下危害孩子终生的结果。尤其是当我必须外出办事时，更是人在外面、心在家里，心情上的焦虑实在难以言喻。

　　但后来我发现，自己过度重视一般日常生活的事情，从他们吃什么、穿什么，到他们花多少时间刷牙、几点上床睡觉等都非常严阵以待。年幼孩子的行为原本就幼稚，但我却因为不了解而无法把它们视为正常的行为，当孩子们发生争吵时，我担心他们无法彼此相爱；当他们拒绝在睡觉时间乖乖上床时，我担心他们叛逆、无法遵守基本规则；当他们的联络簿上出现老师表达对孩子的习惯或功课的关切时，我

的脑海中立刻浮现孩子未来人生失败的画面！我完全无法放松，这不仅给自己带来巨大的压力，也让儿女们承受莫大的压力。

每次看到其他父母谈及亲子关系时，那种充满甜蜜、满足与享受的神情，我便不禁怀疑自己的教养态度是否有问题。我十分钦佩其中一位妈妈幽默的教养态度，她6岁的女儿从小就非常讨厌洗头，每次洗头时总是顽强抵抗、躁动不安。有一次，她好不容易终于帮女儿把头洗好了，但女儿看到头发闪亮又干净时，却生气地说："我现在要去拿沙子撒在我的头发上。"她觉得女儿简直是得了便宜还卖乖，很想叫她别再抱怨了，但她并没有这样做，反而笑着对女儿说："不！我们应该拿一些水泥，把它倒得你满头都是，这样更精彩。"她的生气在幽默话语的转化下反而换来了母女的笑声。

现在，我终于明白，如果我能学着放松一点，用微笑来面对大部分的事情，那么我和孩子们都会拥有比较轻松的生活，而我也能真正享受到其他父母那种甜蜜、满足、享受的感受与乐趣。

第三章

孩子的疑问

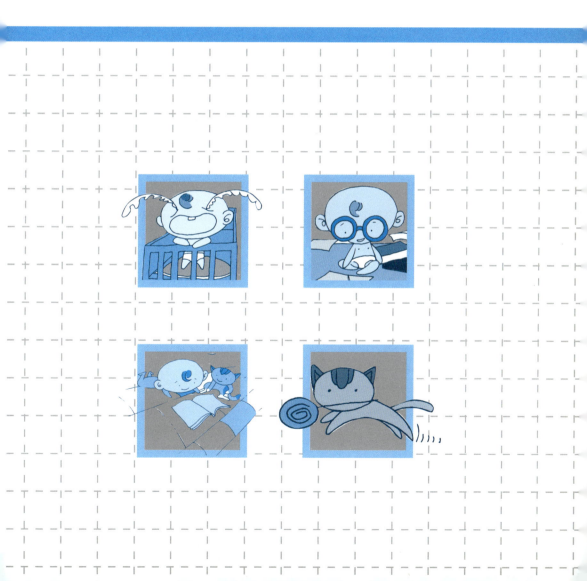

我从事房地产中介业务的工作，每天都需要拜访客户或做市场调查，并没有固定行程，有时还得到外地出差几天，因此每天早上要出门工作时，两个上幼儿园的孩子总是问我："你今天要去哪里？什么时候回来呢？"他们想知道我会去什么地方、在做些什么，这并不纯粹只是出于好奇，而是如果能知道我的行程、对我去的地方有概念，也清楚我在做些什么，他们就比较能接受我必须出门工作的事实。

　　以上是我朋友琳娜的心声。

　　当你必须暂时离开年幼的孩子时，孩子因为年幼而无法想象你在什么地方、在做些什么，从孩子的观点来看，这无异于他们突然中断了与你的联系，你突然消失无踪，因此恐惧、焦虑、担忧你是否安好的心情，便在他们幼小的心中油然而生。

　　孩子如果完全不知道你离开的原因，会因为缺乏安全感而无法安然度过你不在的时刻。如果你愿意花时间跟孩子解释你的去处、你为什么一定得和他分开、你和他分开后都在做些什么，以及你可能什么时候会回家，让孩子对你的行程有个大概的了解，他们就比较不会感到茫然不安。

不论你离开的时间是长是短，是一小时、一天或一个星期，孩子们想知道的问题其实都一样："你为什么要出门？""你要去哪里？""我可以和你一起去吗？""你什么时候回来？""你不在时，谁陪我呢？"

孩子提出这些疑问，也许只是出于好奇，或者是出于关心，更有可能是因为分离焦虑而问。这时，最好的回应方式是针对他们所提出的问题，以认真且直接的态度回答；不过要注意的是，不要因为自己的焦虑而说得太多，因为孩子也许还没有准备好要知道那么多。此外，父母还要确定孩子对这些话能理解多少，并尽可能帮助他们明白你的话。

>> 你为什么要出门？

　　现代的家庭，夫妻都必须外出上班的比例越来越高，孩子很能接受父母一方或双方出门工作的状况。有时孩子会突然问："你为什么要出门？"当他们这么问时，其实是想和你在一起，而且也想要知道，为什么在那个时刻你不能和他们在一起。他们觉得，和你待在家里会比上学或和保姆在一起有趣多了。不过，有时他们这么问却意味着有不寻常的事发生，可能是他们和保姆处得不好，或有其他因素，这时父母应该多加关心他们，并且有技巧地询问，试着找出真正的原因。

　　当你在和孩子的谈话中，听出孩子似乎有什么难言之隐时，得很有技巧地询问他们，不让他们发觉你问话的真正用意，以免他们察觉你在担心他们、忧虑他们可能在幼儿园或学校有状况，或者和保姆相处得不好，从此便故意假装真的有这些状况，借此制造出可以和你在一起的机会。

找出孩子真正的忧虑

发现孩子有难言之隐时，可以技巧性地问他们："我外出上班，你有什么感觉？""你今天为什么特别希望我留在家陪你呢？"

你可能会得到以下这些回答：

● 我去上学的时候会一直想你。

● 我在学校时有同学欺负我。

● 我的作业没有做完，不想去学校。

● 我今天不想和保姆在一起。

● 我不喜欢幼儿园的厕所，我会拉不出来。

对此，你的应对方法可以是：

● 告诉孩子，你上班的时候也会想念他；同时给他一张你的照片，或一件你个人的随身物品，让他带在身边，暂时安抚他的想念之情。

● 告诉孩子，被同学欺负时要向老师报告。

● 打电话给老师，了解孩子在学校的状况，并请老师今天多关注一下孩子。

● 问问孩子，今天要不要你打电话到保姆家和他聊聊天。

● 告诉保姆，孩子今天情绪不太好，需要多一点关心。

● 找出孩子作业没做完的原因，是学校课后作业太难，还是孩子无法专心写功课？然后与老师、孩子一起寻求解决方法。

● 找个时间和孩子好好讨论上厕所的问题，并找出解决问题的方法。

　　有时候，以上的问题都不存在，孩子只是单纯地不明白，你为什么每天都要出去工作罢了。尤其当你的工作必须经常出差时，孩子更会感到困惑，不懂为何有时候你一出去工作就要好几天。这时要以孩子能够理解的语言向孩子解释，例如"因为我很喜欢工作，工作让我感到很快乐"、"因为出去工作才能赚钱养家、让你有饭吃、让你可以去上学读书、让你可以去上学习班"、"因为出去工作才能赚到钱，让我们全家一起去度假"。

　　如果你真心喜欢你的工作，那么你是个幸运的人，可以列下一长串喜欢工作的原因；如果你不喜欢你的工作，那就把焦点放在工作带给你及家人的好处上。

>> 你要去哪里？

　　大多数年幼的孩子都会想知道你到底去哪里、在那个地方都在做些什么。就算你不厌其烦地向他解释过许多次，还是得找个时间好好地向他说明你的去处，帮助孩子建立明确的概念，知道你出门以后都去了什么地方，以及做了什么事。如果可以的话，不妨带孩子参观你工作的地方，让他实际看到你的工作情形。

　　我是个空服员，我无法带孩子参观我工作的地方，但我喜欢通过拍照的方式，让我两个年幼的女儿参与我的工作程序与工作情形。每次我们的班机抵达目的地时，我会拍下当地机场的外观，也会拍下投宿饭店的房间环境，让女儿知道我去了什么地方；我还会拍下我在飞机上工作的情形给女儿看，甚至还帮两个年幼女儿做了两套简单的空服员制服，当我休假时便和她们一起玩空服员游戏。她们非常喜欢这个游戏，也非常清楚我出去工作时都去了哪些地方，以及我的工作内容。

——容珍

带孩子参观你工作的地方

如果你是朝九晚五的上班族，而且在固定的地方工作，不妨利用机会带孩子参观你工作的地方，而且不只是看看你的办公室就算了，还要让他看看你中午用餐的地方、你工作的情形，甚至让他坐在你的位置上，感受一下上班的感觉。

如果你必须到外地出差，那么在出差前，先在地图上指出你要去的地方给年幼的孩子看；大一点的孩子则可以给他看相关的旅行指南、观光手册等书面资料。告诉孩子，你到那里要办些什么事情或参加什么样的会议、会有多少人参加，然后在抵达出差地点时，购买当地的明信片寄给孩子。

当我在飞机上服勤时，我无法看到孩子，由于不知道她们都在做些什么，也不知道她们是否有像平日那样正常作息，所以总会特别思念她们。如果她们能按照平日的作息，我便能够想象她们在什么地方、正在做些什么事情的画面；但是，我知道当我不在家时，她们的爸爸总喜欢带她们出去好好放松、玩个痛快，这时我便无法在脑海中勾勒出清楚的画面，而这也更令我不断地想念他们。思念让我非常想知道她们在什么地方、做些什么，就像当我离开她们时，她们因为思念而想知道我的一切是一样的。

——容珍

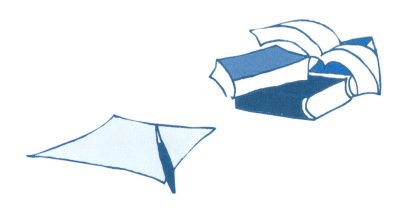

>> 我可以和你一起去吗？

在早上要出门上班时，我总会看到女儿以哀求的眼神询问："我可以和你一起去吗？""我为什么不可以和你一起去？"

于是我决定每个月的最后一个星期六上午，轮到我值班时，便带着她们到公司，让她们陪我值班。有些比较简单的事情我会请她们帮忙，或者让她们用没人使用的电脑玩游戏，此外也会准备好饮料和糖果，所以她们非常乐于陪我一起值班。

我带她们一起去上班的目的有两个，一是让她们熟悉我工作的场所，知道我在什么地方、都在做些什么；一是我再也不会听到她们满腹的疑问和苦苦哀求了。

——克莱尔

 不能一起去上班的理由

孩子因为害怕与父母分离，所以会想要跟你一起去上班是很自然的反应，否则他们会因为你不在家而感到难过。在他们幼小的心灵里，和你一起去上班是解决这个问题最好的办法，这样一来，他们就可以随时待在你身边，而且会觉得如果他们能和你一起去的话，你既可以工作，又可以陪伴他们，可谓一举两得。为此，你必须婉转地向他们解释他们不适合同行的原因。

●找一件孩子在生活中无法与你一同进行的事情，例如，如果孩子已经开始上幼儿园，他就不能和你一起去你工作的地方。

●找出适合带孩子一起到你工作场所的时间。如果周末只上半天班的话，有没有可能选择某一个周末，让孩子在你工作的场所待一小段时间呢？如果可以的话，再告诉孩子什么时候会带他一起去工作，并当着他的面在月历上标出日期，让他们对此满怀期待。这么做的同时，也能让孩子知道什么时间适合到你的办公室，什么时间不适合。

●向孩子说明工作场所的状况，让他知道你的办公室里有哪些人，而且全都是大人，没有小朋友，让他明白一起去到工作的地方，是没有其他小朋友能陪他玩的。

●告诉孩子你上班时有很多事情要做，如果他跟你去上班的话，你没有办法像在家里那样一直陪伴他，他会感到很无聊的。

>> 你什么时候回来？

　　在经历几次我必须加班而晚回家的经验后，三个孩子变得很在乎我回家的时间。她们想知道我能不能回家陪她们做功课、听她们讲在幼儿园和学校发生的事情、与她们共进晚餐、送她们上床睡觉、念床边故事给她们听，或者和她们一起讨论某一则她们喜欢的童话故事。如果我忘了告诉她们晚上必须加班，或是答应她们下班后就回家却没有做到，隔天她们就会在月历上写下"妈妈失约"，因为我让她们的期待落空了。

——克莱尔

　　别以为孩子年纪幼小，虽然早上舍不得与你分离，却不在乎你回家的时间。其实，孩子需要知道的不只是你回来的时间，也需要知道你到外地出差的时间，如此，他们才能有心理准备，并期待你回家的时间。

　　给孩子一些工具，例如时钟、日历等，帮助他们计算你回家的时间，同时这也是个很好的机会，训练孩子学习接受你不在的日子，以及控制自己的情绪。长期下来，你和孩子会能更轻松、更没有压力地互道再见，而且等你回家时，心里也不会有疙瘩。

年幼的孩子没有时间观念，你的1个小时对他们而言可能就像一整天那么漫长，因此即便给孩子时钟或日历，他们也不见得会懂得如何使用，这时可以依照孩子理解时间概念的方式，协助孩子做好心理准备。如果孩子已经具备抽象思考的能力，那么时钟、日历和月历对他们来说会是很方便的工具。

建立孩子的时间观念

● 不同年龄的孩子，对时间的理解方式也不一样。你必须根据孩子的年龄与程度，挑选适合帮助他们建立时间观念的方式。

● 对年龄很小的孩子，如幼儿园时期，帮助他们理解时间长短的最好方式，就是和他们的作息结合在一起，例如三餐时间、午睡时间与上床睡觉的时间等。你可以利用这些活动时间，说明你要表达的时间长短。

● 要让年龄很小的孩子理解你要出门多久，必须使用具体的例子，例如"就像你跟保姆在一起的时间那么久"或"你看完一集米老鼠卡通的时候，我就回来了"等可以实际衡量时间的方式。如果孩子有喜欢的动画录影带，那么你可以对他说："我出门的时间就跟你看完《狮子王》的时间一样长。"

● 对年龄较大的孩子，可以利用具体的工具如时钟、日历或月历等，说明你离家和回来的时间。

教导孩子认识时间

先不需要冲动地买手表给年幼的孩子。你可以透过下列几种方式教导孩子认识时间，让孩子对你回家的时间能更确定、更安心。年幼的儿童在学会看时间后，就会不时地跑去确定两个时钟的时间是否一致，这会带给他们很大的乐趣。

1. 拿一大张白纸，在上面画一个大大的钟，最好和家里墙壁上的时钟一样大，传统指针型或电子数字显示型都可以。

2. 用蜡笔或色笔在你回家的时间位置画上记号。

3. 把这个纸绘的钟面和家里墙壁上的时钟贴在一起。

4. 让家中其他人教孩子看墙壁上的真时钟，告诉他们，等真时钟走到和纸绘时钟上的位置一样时，就是你回家的时间。

>> 你不在时，谁陪我呢？

　　为了配合我们夫妻的上班时间，我们通常会提早出门，先送孩子到保姆家，然后在那里停留约半小时，和保姆话家常。我们很用心经营和保姆的关系，除了与她成为好朋友并建立起有如家人般的融洽感情外，遇到两家孩子的生日时，我们也会参加彼此的生日派对。我的儿子非常喜欢保姆夫妇，而且喊他们为爷爷、奶奶。

　　基于几年间建立起来的深厚感情，当儿子要上幼儿园时，保姆因为舍不得我们把儿子送到我公司附近的幼儿园，于是积极地搜集她住家附近几间幼儿园的资料，同时一一拜访，认识它们的老师、了解它们的教学品质。感觉上，儿子从不曾因为要与我们分开而感到焦虑不安，而我们对于保姆所选择、推荐的幼儿园也欣然接受。保姆的用心照顾，让我们夫妻能够安心工作，也让孩子拥有安全感。

——淑贞

　　当夫妻都必须外出工作、有时还得出差，只好把孩子交由爷爷奶奶、外公外婆或保姆来照顾时，你就不必费心回答孩子这个问题。但如果孩子刚换新保姆，由于对她还很陌生的关系，孩子会很想知道保姆是个怎样的人、是不是个有爱心又温柔的人、能不能信任她。在这段与新保姆相互适应的期间，孩子是没有安全感的。

因此，事先让孩子了解保姆，可以减少他们对你离去的不安。当孩子知道有人会好好照顾他们时，就比较不会粘着你、不愿意让你出门。以下是帮助孩子认识保姆的方法。

● 换新保姆时，事先让孩子知道有新保姆要来照顾他。如果孩子年纪尚小，个性又害羞粘人的话，不妨先安排大家见个面，让孩子做好心理准备。尤其是如果你正好准备要出远门，保姆又是新雇的，那么务必在出差前安排几次短时间的看顾，让孩子与保姆熟悉彼此。

● 让孩子知道他们可以和保姆一起做什么事，例如保姆可以陪他们玩游戏，带他们去公园散步或游泳。如果可能的话，提早把孩子送到保姆家或请保姆提早到达你家，让孩子在你出门前先适应一下。

● 让保姆了解你家的特殊状况，以及孩子的个性是否有需要特别注意的地方。此外，也要事先预想孩子可能会有的期望，帮孩子做好心理建设，以免日后保姆不能符合孩子的期望时，孩子产生太大的失望。

● 让保姆了解孩子的嗜好、喜欢哪些游戏、讨厌什么活动，并留一样孩子喜欢玩的玩具或游戏给保姆，以促进他们双方的关系。

● 如果你要出差好几天，请在出差前确定孩子已经习惯新保姆的照顾与作息方式。

第四章
建立亲子互动网

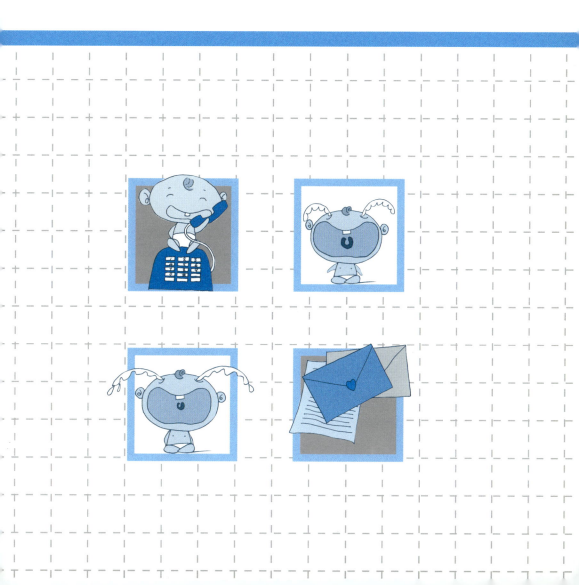

我很努力与家人——尤其是三个孩子——建立起紧密的互动网，例如每个月我会和她们在约定好的老地方共进特别午餐；午睡后打电话回家给和保姆在一起的小女儿；在就读小学的大女儿的午餐盒中附上爱的小纸条；传真关怀孩子的话到幼儿园，请老师念给二女儿听，等等。做这些事情，让我感觉和孩子紧密相连。

——克莱尔

　　在前面的章节里，你学会了如何回应孩子的疑问、帮孩子建立分离的概念，以及让他们知道你每天出门都去了什么地方、为什么要去那里、去那里都在做些什么、什么时候会回家，等等。只是，有时就算孩子的疑问都得到了清楚的回答，但是当你不在他们身边时，他们仍免不了会闹情绪，仍然需要看看你或听听你的声音，借此获得某种程度的安慰。

　　与孩子保持紧密的互动是维系亲子感情的绝佳方法，尤其能帮助年幼的孩子及早脱离分离焦虑的痛苦。如何建立与孩子之间的互动网呢？下文中将一一介绍这些简单、唾手可得的技巧，帮助你对孩子传递关怀之情，而建立紧密互动网的第一个技巧，就是拿起电话听筒，打电话给你的孩子或孩子的老师。

>> 善用电话传情意

　　我开设了一家地政事务所，主要的业务是帮承建商整合土地，因此经常要和承建商开会，有时会开到很晚，而且还得常到各地出差。当我来不及赶回家陪孩子一起用晚餐、送孩子们上床睡觉并为他们念枕边故事时，我会请先生代劳；如果我到外地出差投宿饭店的话，我会从饭店打电话回家，请孩子们打开电话的扩音器，然后透过电话念故事给他们听。我会告诉孩子们我出差时去过的地方、投宿的饭店，还有吃了当地的什么美食，孩子们很喜欢听这些，也觉得很有趣。

——亚招

　　无法陪伴在心爱的人身边时，电话是联络亲子感情的绝佳选择。听到思念的人的声音，总能让我们产生情感的联系，尤其当对象是年幼的孩子时，电话还能传达给孩子重要指示、减缓孩子的焦虑感、鼓励孩子、表达对孩子的思念与关爱，让分隔两地的亲子也能持续感

受到对方的关注与感情，所以必须出远门时，电话是你与孩子保持联络的重要方式。

　　虽然电话可以发挥不错的功用，但如果能加装更多的周边设备，例如免持听筒、自动拨号、留言装置等功能，可以进一步加强你和孩子之间的联系。免持听筒让你可以同时和家中所有人进行多方对谈，或是让正忙着别的事、生你气的孩子也能听到你的声音与谈话内容；自动拨号的功能则让年幼的孩子也能打电话给你；答录机可以在家中没人接电话时，让你留下要对家人说的话。

　　如果孩子的年纪太小，只能用点头或摇头来回答问题，还没办法使用电话，那么可以先用玩具电话训练他对着话筒讲话的能力。等孩子技巧熟练后，再找时间打电话给孩子做实际的训练，这样等你出差时就不会显得无助，不知如何向年幼的孩子传达情意了。

以下这些是利用电话传情的技巧。

● 选择固定的时间打电话给孩子，或请他们在固定时间打电话到你的办公室。这让孩子有一个明确的时间可以期待。但由于年幼的孩子还不具备时间概念，所以不妨请家中的大人帮孩子设定闹钟，或者利用先前介绍过的教孩子"对时"的办法，这样也能同时训练孩子学会看时间。

● 当你必须到外地出差一段时间，可以利用电话每天和孩子说笑话、猜谜语，如果孩子一时想不出谜语的答案，那就把答案留到隔天通电话时再公布，这么做会让孩子觉得更有趣，以及更加期待。

● 到外地出差时，只要回到投宿的饭店便打电话回家，向孩子描述饭店的模样、当地的天气如何、你都和什么样的人一起工作，以及遇到什么新奇、有趣的事情等。孩子会对这些话题很感兴趣，因为它们都与你有关系。

● 如果家里没人接听电话，就在答录机上留下给每一个人的问候，例如"好想念你们哦""真想赶快听到你们的声音""学校的功课要用心做哦""妹妹学会绑蝴蝶结了没啊"之类关心的话，但要注意必须得照顾到每个人，即使是年龄大的孩子也一样——你一定想象不到，孩子常会重复聆听这些带子呢。另外也可以反向思考地帮孩子设计一些打电话活动，让自己也能感受到孩子对你的情意。

● 如果孩子还小，可以请家中的大人或保姆在联络得到你的时候，教孩子如何使用电话。不过，你必须让孩子明白，要得到大人的允许才能打电话给你，否则你很有可能一整天都在接孩子打来的电话。

● 如果你将到外地出差好几天，出差前请亲自或教孩子把你出差地方的电话号码存进自动拨号装置；如果是长途电话，则要让孩子知道在何时打比较适当，并且要长话短说。孩子若还在学步的年龄，请记得把电话机放在他们无法拿到的地方，以防他乱拨号码后就把它丢在一旁去玩别的东西，导致你得缴交惊人的电话费；而当他们使用电话时，一定要有大人在旁监督，否则你同样有可能收到吓人的电话费账单。

● 打电话回家时，请孩子唱一首歌、念一首诗或讲一段话。

● 每月一次，请孩子为答录机留下创意的留言，如果他们想不出来，就建议他们唱一首歌或说一段很短的故事，孩子会非常乐意这么做的。

手机通话无距离

> 手机越来越普遍，设计上也越来越人性化、方便使用。手机让亲子没有距离，每当我必须到外地出差无法回家，或必须加班而晚回家时，经常会接到女儿们打电话来，问我她们可不可以请保姆送她们去幼儿园同学家玩，或者可不可以吃某种零食，或者做什么事情。
>
> ——克莱尔

手机几乎是现代人不可或缺的沟通工具，除了能与家人立即联系、表达对彼此的关怀，也让家人之间没有时空距离。当家中有紧急事情，例如孩子突然生病或家里遇到某种困境时，手机也能发挥它最大的效用。

不过，使用手机时必须注意收讯与费用问题。有些手机在较偏僻的地方会无法收讯，再者，一般而言，手机长时间通话的费用有时会比你想象的要贵。这些问题在使用前应该询问清楚。

> 当我出差时，读幼儿园大班的二女儿在每晚睡觉前，都要打电话和我聊聊天、听听我的声音，即便只是简短几句话也可以。我的大女儿才小学三年级，却认为自己是个大人了，所以我到外地出差时，她便觉得自己应该要当家作主、要照顾两个妹妹和爸爸，于是不管任何时候，她只要想到任何问题便会打电话来和我讨论。上次出差时，她打电话来问我："妈妈，小妹可以吃花豆吗？我叫她不要吃，因为那个豆子很大颗，我怕她会吞不下，但是她就是很想吃！"我们就利用这通费用昂贵的电话，认真地讨论起花豆来。
>
> ——克莱尔

>> 电脑即时通

除了手机的无距离功能外，电脑也能扮演无距离的桥梁，尤其对还不会打电话、不会写字的年幼孩子而言，电脑更是他们想念父母时的最佳沟通工具。

电脑具备的功能非常多，例如电子邮件、即时通、画图、视频等功能。当你出门在外时，只要通过网络就能和远方的家人联系，仿佛家人就在你的身边。

 ## 视频

视频是当今社会最能解除亲子双方思念之苦的工具，尤其是孩子年纪幼小，还没有能力打电话、写信、使用电子邮件时，电脑视频便能有效安抚他们的情绪，只是在时间上比较受限，不如手机那般方便，随时都可以拨打。

一般来说，使用电脑视频与家人互动的方式，比较适合在固定的时段进行，最理想的情况大都是在大人下班、孩子放学后，也就是晚上在家时，这时全家可以和在外地工作的家人透过视频互动与沟通。

我和丈夫离婚时，我们的女儿才刚满两岁。前夫虽然很想每个星期都来探望女儿、带她出去玩，但因为工作的关系必须经常到世界各地出差，所以他实在力不从心；而女儿也还无法适应身边没有爸爸陪伴的生活，常问我"爸爸去哪里了呢"。为了不让女儿顿时失去爸爸的关爱，我和前夫讨论后决定，在他无法来探望女儿时，每天用完晚饭后便通过电脑视频和女儿互动、聊天。自从他们父女开始视频活动后，女儿的情绪平缓了许多，而前夫对女儿的内疚也终于能稍稍减轻一些。

——秀锦

　　年幼的孩子因眼球发育尚未成熟，因此尽量不要让他们使用电脑，即便使用视频，时间也不要过长，以免因为距离太近而让孩子罹患近视。孩子的眼球约在9~10岁时发育成熟，这时可以让他们使用电脑，但切记要监督他们每隔一段时间就要让眼睛休息，以免造成眼睛过度的负担。

电脑与网络的使用

我的丈夫和我们读国中一年级的女儿，就像对热恋的情侣一样，只要一回到家，两人就会腻在一起，永远有讲不完的话。女儿有一个学校的电子信箱，白天两人分开时就互寄电子邮件，或用网络电话；但女儿总是只在有求于我时才会寄电子邮件给我，我们夫妻的待遇真的差很多！

——亚招

使用网络互动时，请注意以下事项：

● 每天寄一封电子邮件给稍大、且会使用电脑的孩子，让他们在回到家时就可以读到你的信件。

● 出差期间，每天寄一封电子邮件给孩子，向他们描述你在什么地方、那个地方有什么特色、你在那里都做些什么，以及你遇到的一些有趣又奇特的事情。同时，你也可以问孩子家里的状况、学校的生活等问题，让他们习惯用电子邮件回复你。

● 与孩子一起上网查看你要出差的地点，以及当地的地方特色与特产，这么做同时能培养孩子从网络上搜寻资料的技巧。但切记要封锁不适合孩子观看的网站，以免对他们造成负面的影响。

相同的，在没有使用网络互动时请注意以下事项：

● 与孩子共同制作一个专属于孩子个人的屏幕保护程式，给他们一个惊喜。

● 当孩子学会使用文档功能时，鼓励他们在文档中编写家庭日志、个人日记、个人账簿，甚至是个人的故事创作等。

● 在孩子的眼球已经发育成熟后，就不需阻止他们使用电脑了。也许当你出差回来时，他们已经学会用电脑创作出许多可爱又有趣的故事和图画呢！假使你的孩子已经会使用电脑，你只需给他们一些提示，然后让他们自由发挥。

这些活动对大多数的孩子来说可能还是需要大人的协助，所以在安排活动前，先确定大人有足够的时间提供协助，并要事先订好孩子使用电脑的规则。

>> 用录音传递关怀

　　从儿子两岁左右开始，录音便成为增加我们生活乐趣的一部分。我们录下了儿子欢笑时的声音、儿子因为生气与父母吵架的过程、晚上我念枕边故事给他听的时刻，还有儿子玩玩具时与玩具对话的内容。另外，我也会录下许多动物的叫声，还有大街上大大小小的车声，然后让儿子猜猜这些声音分别是什么动物或是什么车子发出的。我们把这些录音制成光碟，留给儿子做纪念品。

　　儿子在读幼儿园中班时，要求我们帮他买一个录音笔。在学会如何操作录音笔后，他开始录下与班上同学的互动或幼儿园里举办的活动，然后播放出来和同学分享。我们发现，有时候他录音的内容还挺有创意的。

——克莱尔

　　孩子喜欢听到他们自己、父母、家人在录音机里的声音，尤其录音的内容是他们喜欢的信息或歌声时，他们会忍不住一听再听。现代的双薪家庭里每个人都很忙碌，常常记得交代这件事就忘了提醒那件事，或者想到一件事情就交代一件事情，搞得生活大乱。这时，录音器材能扮演极佳的沟通桥梁，把你要讲的话、要提醒孩子的事情完整录下来，如此便不怕孩子太小会记不住你交代的事项了。录音的目的在于传递信息，此外也是促进你和孩子互动的理想工具，以下几项建议能让你们录音时拥有更多的乐趣。

● 让每个孩子拥有自己的录音器材，方便他们可以随时录下想录的东西；同时把你自己的录音传送到孩子的录音器材中，这样当他们想播放你的录音内容时就能随时播放，不至于产生冲突。

● 挑选录音器材时可以根据个人喜好，但务必购买耐摔的机款给孩子，并在不同功能的按键上涂上不同的颜色，教孩子清楚分辨录音、播放、删除等功能。

● 录音时要以日期作为档案名称，这样等你出差后，孩子便能依照日期聆听你的录音。例如，你的录音内容可以这么说："今天是星期二，是我出差的第二天，我发现我比昨天还要想念你们……"

● 让每个孩子都有自己专属的录音带，鼓励他们依照各自的意愿录音，并鼓励他们想说什么就说什么，这样你才能听到孩子真正的心声。

在录音前你可以先想好要说的话，或者也可以想到什么就说什么。什么样的内容适合录音，其实并没有什么限制，如果一开始你不知道该录些什么，不妨先想想家人每天的作息与例行公事，以及每个人的好习惯与坏习惯，例如孩子早上起床时、坐车到幼儿园或学校时，时间是否很长？如果这段时间很长，那么在你出差前便可以录一段话让孩子在这个时间听，并在录音内容中问孩子："今天早上有没有赖床啊？""早餐都吃些什么呢？好想跟你们一起吃早餐哦。"然后再逐渐加入你自己的点子。

为孩子录音

以下是录音给孩子时需要注意的事项。

■ 道晚安

录下向每个孩子道晚安的话语，告诉孩子你对他们的思念和关怀，并唱一首晚安曲或念一段故事，让它在你出差期间陪伴孩子上床睡觉。

■ 短期出差

如果你只出差一天，那么只需录一小段话即可，请家里的大人在孩子早上出门前放给他们听，这样他们便能感受到虽然你无法在家里陪伴他们，但你还是时时刻刻想着他们。

■ 长期出差

如果你要出差好几天，不妨为每一天预录不同的内容。内容不需要太长，主要是交代与提醒孩子当天要做的事，例如："哥哥，今天是星期二，我正在国外参加一项很重要的会议，而且这个会议要连续开好几天才会结束。我知道你今天要去参加同学冠廷的生日派对，希望你玩得开心。我爱你！"

■ 亲子欢乐

录下平日你与孩子一块唱歌的过程，但要有合唱，也要有每个孩子的独唱片段；如果孩子会弹琴的话，便录下孩子弹琴、你们一起合唱儿歌的部分。先不要给孩子听这段录音，等到出差时才让他们听，让孩子借此重温你们在一起的欢乐时光。

当每个家庭成员都热心参与录音时，这项活动就会变得非常有趣。除了你为孩子录音外，也可以让孩子为你录音，要他们在你出差期间把家里发生的事情录下来，让你回家后听，或是录一卷带子让你在旅行时听。至于不爱说话的孩子，可以请人以问问题的方式进行录音。

请孩子为你录音

年幼的孩子通常不知道该录些什么内容，这时你可以提示孩子录下"我的这一天"，让他们回顾一天下来都在做些什么。这个方式同时也能培养他们建立每天检视自己生活的习惯。

■ 我的这一天

请孩子录下这一天他去了哪些地方，去那些地方做什么，这一天的心情好不好，是否有发生什么事情令他感到悲伤、生气、快乐或兴奋，这一天是不是有遇到什么困难，如果有的话，他们又是怎么解决的。

■ 我们共同参与的活动

请孩子预先录下他们想和你一起做的事，或是对未来的计划，不论想到什么都可以预录下来。等你回来后，和孩子们一起播放录音，并从中挑出一项活动共同进行，或者将孩子们希望与你一起进行的活动排出时间表，再利用时间——完成它们。这个方式就像是孩子与你预约未来的活动时间，你也能提早把时间空出来陪伴他们，往后便再也不会因为听到孩子抱怨"每次你都说要去工作，没空陪我们！"而感到满怀歉疚了。

■ 亲子活动

录音内容也可以请孩子们轮流表演、耍宝，模仿某位电视名人或家中的大人，学习各种动物的声音，乱演一场爆笑话剧，假扮记者播报家中、邻居或社区发生的新闻，发挥想象力改编童话故事，等等。这些录音很适合你出差回家后全家一起聆听欣赏，不仅能为家庭带来欢乐的气氛，而且孩子也会因为能带给家里欢乐而感到很有成就感。

>> 用信件表达温暖

　　每次我或先生得出差超过三天时，三个孩子就会制作卡片寄给我们，而我们也会在工作结束回家之前，从我们出差的地方寄明信片回家给孩子们。虽然明信片有时会比我们到家的时间还要晚才寄达，但每次接到那些明信片时，孩子们依然既高兴又兴奋地拿着它们对我们问了一堆问题，想对我们出差的地方有更多的了解。

——克莱尔

　　即便现在的电子通讯产品已经很生活化，但迅速、即时、无距离感沟通的感觉，与期待收到书信、阅读书信的感觉仍是截然不同的。不论年纪大小，每个人都会很开心收到自己喜欢的人寄来的书信。

对孩子而言，当他们收到你从远地寄来的风景明信片，而明信片上正是你投宿的饭店时，他们会知道就算你有开不完的会、做不完的工作，你还是很想念他们，而这会是一件多么令他们高兴的事！就算你回到家后，明信片才寄到家里，孩子还是会觉得有参与到你的出差行程，甚至会仔细保存你每次从外地寄回来的明信片或书信。

书信是个令人感觉温暖的亲子互动网工具，发挥一点创意，把它融入生活中，就可以让家人一整天都感受到满满的暖意。

创意的书信传情

以下是几种富有创意的书信传情点子。

● 孩子上学前，在他们的铅笔盒里放一张简短的字条，给他们一个小小的问候与鼓励，这同时也是个小小的惊喜。

● 出差时，先从机场寄明信片给孩子，然后寄出差地点的风景明信片或投宿饭店的明信片回家；没有出差时，若发现非常特殊的明信片，就算离家只有几条街的距离，你也可以寄回去给孩子们。让孩子开心的是能收到你的书信与温暖问候，而不是你从什么地方寄给他们。

● 出差的天数若很长，可以写下内容连贯的书信寄给孩子；若出差天数只有一或两天，可以预先把书信写好，放进信封并贴上邮票，然后在出门时至邮局投递，这样等到孩子一放学回家就会立刻收到你的信。

有一天，5岁的小姿在家里捣乱，她一边在沙发上跳来跳去，一边生气地和妈妈斗嘴，不论妈妈如何安抚，小姿就是没办法消气。正当妈妈也被搞得不耐烦时，突然心生一计，把女儿生气吵架的原因与内容全写了下来，然后将信纸放入信封、写上收件人，再直接拿给小姿并对她说："这是妈妈寄给你的信！"小姿一拿到信，立刻停止吵闹，注意力全转到那封信上。她很高兴有人写信给她，并要求妈妈把信的内容念给她听。

孩子都很喜欢收到书信，也喜欢寄信。你可以准备适合的现成道具，或者自行制作道具，并和孩子一起设计明信片的图案，陪孩子玩到邮局寄信的游戏。下面的活动可以让孩子对寄信产生概念。

● 教导孩子练习写明信片或简短书信及信封，然后玩寄信的游戏。

● 出差前，带孩子到商店挑选明信片，让他们在你出差期间可以把明信片寄给你。

● 买几张比较厚的图画纸，并将纸裁成明信片大小，让孩子可以随时设计图案，或画上任何他想画的东西。等到你出差时，便可以请家里的大人协助孩子把明信片寄给你，或寄给亲戚、朋友，或他们自己的同学及朋友。

● 如果孩子的年龄太小还不会写字，可以让他们画上图画，并保留到你回家后再给你，这时你们可以一起看这些图画，并仔细询问孩子想借由图画传达出什么意思。

>> 建立"家庭互动站"

　　我先生是个木工好手，几年前，他把家里装潢时剩下的一片木板裁切并设计成一个漂亮的布告板，这块布告板就是我们一直使用到现在的"家庭互动站"。"家庭互动站"上的图钉有许多种颜色，分别代表不同的家庭成员，每个成员都可以在上面自在留言，不论是提醒、赞美、抱怨、问题或个人需求都可以，新的留言要留在互动站上的"最新留言区"，等大家都看过新留言区，且上面的问题都解决后，再将留言撕下；不过赞美性的留言则会移到"最新留言区"外，并一直保留在互动站上，让赞美与被赞美的人都能随时感到温暖，并自我提醒要一直维持美好的行为。

　　有了"家庭互动站"后，家人的留言不再像以前那样，到处乱贴在餐桌、客厅桌、电视屏幕、妈妈的梳妆台、爸爸的书桌或厨房的台面上，而且这些留言常常不是没有被发现，就是被搞丢了。这个"家庭互动站"真正发挥了效用，让我们的生活更有组织和效率。

——美君

　　家庭的沟通方式有很多种形式，但是，如果你的家至今还没有成立"家庭互动站"的话，那么你们的家庭沟通与互动便已经失败了一半。有了这个互动站，家人、亲子之间就不必为了没有看到某人的留言而耽误了事情，并引发家人之间的争执。

成立"家庭互动站"的最大意义，是给家中的每位成员有一个彼此互动与沟通的园地。例如，你可以留言给孩子"期待今晚见到你"，每天倒计时距离家庭旅游的日子还剩几天，把你读到的一则有意思的谜语或笑话贴在互动站上，留言肯定、赞美孩子在学校或在家里的良好表现，为孩子即将参加某项比赛留下加油打气的话，把孩子的杰出画作贴在互动站上等。

当你出差的时候，你可以把提醒孩子要做的事情留在互动站上，也可以留言传达你与孩子分离时会多么的想念他们；等你工作结束回家后，你也会立刻看到家人留给你的话、孩子回应你的想念信息，或等待你回家后要解决的事情。在你出差前，也可以先把行程表、能联络上你的电话号码与传真号码留在互动站上，方便孩子容易找到你，但必须注明适合打电话给你的时间，至于传真则没有时间限制。

建立"家庭互动站"其实并不难。互动站的位置最好设在家人每天都会看到的地方，同时还要考虑到孩子的身高，以方便他们留言。如果你不想自己设计的话，可以到文具店买一个布告板，至于布告板的大小则视家里的人口多少而定。如果你想拥有一个专属你们家、独一无二的"家庭互动站"，可以与家人共同动手、发挥创意，设计出一个亲子都喜爱的互动站，这会让你的孩子很喜欢在上面留言。

家庭互动站的五大功能

成功的"家庭互动站"，具有以下五大功能：

1. 是家中成员互相传递信息、关怀，表达个人观点与看法的中心。

2. 重要的信息一目了然，不会耽误事情。

3. 家庭管理变得有组织、有效率。

4. 帮忙照顾幼儿的爷爷奶奶、外公外婆或保姆，可以立即从互动站上取得清楚的信息。

5. 你或配偶到外地出差时，"家庭互动站"是家人与你们心灵交流的中心。

　　还在犹豫什么？现在就开始着手设计属于你们家独一无二的"家庭互动站"，让你们的亲子互动更紧密吧！

第五章

当你无法陪伴生病的孩子

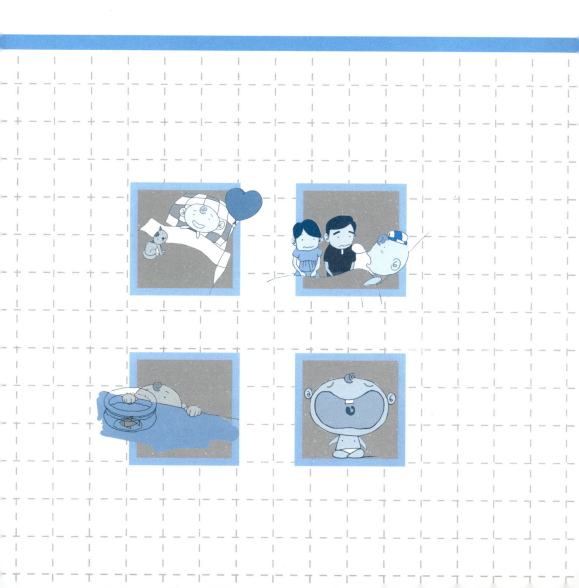

孩子害怕看病，而且就你所知，有多少大人也不喜欢上医院？没有人喜欢被告知自己的身体状况不佳。当大人陪孩子看病时负有两项责任：把医生交代的话，转换成孩子能理解的语言；让孩子感到心安，尽量减轻他们心理和生理上的痛苦。

——李察

当家里有孩子生病时，真的会令全家人的生活与秩序大乱。一时之间，所有的事都停摆了，你不知道是该向公司请假留在家里照顾孩子，还是请家中的长辈或保姆帮你照顾。然而，即便把生病的孩子托人照顾，自己也会无法全心专注在工作上。

这种事情常常来得突然，最常见的状况是家中长辈或保姆一通电话打来，你便立刻放下手边的工作，飞奔回家或冲到医院去。在你到达前，医生通常已经开始进行治疗，特别是你如果是从外地赶回来的话。除了孩子生病会影响到你正常工作外，其他例如孩子的健康检查、定期的治疗、定期检查牙齿，尤其是当孩子患慢性病时，也都会让你难以同时兼顾家庭与工作，甚至扰乱了正常的作息。

孩子生病时，所有的父母都希望能陪伴在他们的身边，就连双薪父母也不例外，但是有时候你就是没办法做到。身为双薪父母，虽然在面对孩子生病与如何康复的问题时不免心力交瘁，但仍然可以事先预防以减轻压力，同时减少孩子在身心上承受的不适。有了事先周全的计划，一旦孩子生病就不必担心要如何向公司请假、忙着判断孩子的病情，反而能够保持冷静，把你的心思专注在最重要的事情上——让孩子感受到你的关怀、照顾与陪伴。

此外，你还需要准备一份"孩子的健康照护清单"，一旦孩子出现不舒服的症状时，请孩子的照顾者依据出现的症状详细记录，方便判断病情的发展与严重程度。

★ 孩子的健康照护清单 ★

孩子第一次抱怨不舒服的时间：＿＿＿＿＿＿＿＿＿＿＿＿

症　　状：＿＿＿＿＿＿＿＿＿＿＿＿＿＿＿＿

咳　　嗽：痰液浓度＿＿＿＿＿＿＿＿　痰液颜色＿＿＿＿＿＿

流　鼻　水：□浓稠黏液状　□稀淡黏液状

疼痛部位：＿＿＿＿＿＿＿＿＿＿＿＿＿＿

发　　烧：时间＿＿＿＿＿＿，＿＿＿度

　　　　　时间＿＿＿＿＿＿，＿＿＿度

　　　　　时间＿＿＿＿＿＿，＿＿＿度

医生的评语与建议：＿＿＿＿＿＿＿＿＿＿＿＿

孩子已经服过的药：＿＿＿＿＿＿＿＿＿＿＿＿

当天最后一次服药时间：＿＿＿＿＿＿＿＿＿＿＿＿

■是否出现药物过敏？	■是否有吃东西？	■是否有睡觉？
□有，反映如何？	□有，吃什么？	□有，什么时候？
＿＿＿＿＿＿	＿＿＿＿＿＿	＿＿＿＿＿＿
□没有	□没有	□没有

>> 事前的准备

　　当孩子生病、父母却必须上班时，大部分的父母都会深感歉疚。其实父母可以在平日就做好事前的准备，当因为工作关系而无法留在家里照顾生病的孩子时，也能让孩子得到妥善的照顾，借此减轻内心的歉疚。

 ### 孩子的健康照护箱

　　平日就准备好一个"孩子的健康照护箱"，把孩子生病时你用得到的用品都收纳在里面，但是要记得经常检查所有用品的有效期限。

适合放到"孩子的健康照护箱"里的用品清单

● 感冒药、退烧药、止痛剂，并在药品上明确标示使用者的名字、使用日期、注意事项。

● 温度计、吸鼻器。

● 适合孩子阅读的故事书和绘本，像是着色本、蜡笔、白纸、色笔、色纸、胶水和剪刀。你也可以把迷宫、填字游戏和孩子喜欢看的录影带放进去。

● 列一张孩子喜欢吃的小点心清单，例如果汁、牛奶饼干、焦糖布丁、奶油浓汤等，以备孩子生病时准备给他们吃。

平日可以把这个"孩子的健康照护箱"收起来，当孩子生病时，再把它交给孩子的照顾者。再提醒一次，别忘了常常检查箱里用品的使用期限，记得把过期的药品丢掉，并补充新的药品。

另外，"孩子的健康照护清单"也要交给孩子的照顾者，同时列印一份贴在"家庭互动站"上，请孩子的照顾者每天都详细填写。透过这份资料，你可以清楚掌握你出门工作的期间，孩子的病情发展与服药的状况及结果。同时，为了以防万一，如果孩子有过敏的问题或对哪些食物过敏，要记得事先让照顾者知道。

>> 下班回家时发现孩子生病了

当你下班回家时发现孩子生病了，该如何处理？对双薪的忙碌家庭而言，要把所有时间投注在照顾一个生病的孩子身上，真的是件很困难的事情；但是假如你能请假一天，并利用下列建议的方法照顾生病的孩子，相信除了能像一般父母一样陪伴孩子看电视和看录影带之外，也能带给你和孩子一个不错的回忆。这些方法会让孩子感到身心较为舒适，而你也会因为孩子得到特别的照料而觉得心安。

让生病的孩子感到舒适的方法

● 如果孩子的胃肠确定没有问题，不妨买些他们喜欢吃的东西，或者自己做。

● 如果孩子的症状不是很严重，那么就把这一天当成假期，带孩子到录影带店挑一卷他们爱看的片子，然后一起观赏影片。

● 年幼的孩子都喜欢听故事，因此如果你的时间充裕，孩子的身体状况也没有太严重，你可以念故事给孩子听，但是故事内容必须能够吸引孩子才行。

● 陪孩子玩一些不太耗精神与体力的游戏，例如纸牌接龙游戏或大富翁等这类孩子平时就喜欢玩的简单游戏。

● 陪孩子一起完成他们一直想做的事，这能振奋孩子的心情，有助于他们早点恢复健康。

● 利用蚊帐、毛毯、枕头或填充玩具在客厅里搭帐篷，并在帐篷内布置一个"窝"，让孩子舒服地躺在温暖的"窝"里面，看看电视或读故事。

● 扮演饭店服务生，为孩子提供"客房服务"。问孩子想要吃什么，然后用托盘把食物端给他，并尽量把食物装饰得美味可口。

>> 孩子还在生病，但你必须出门……

　　年幼的孩子抵抗力差是很正常的，因此生病时也不可能一天就恢复健康。当孩子的病情拖延了好几天还无法痊愈，而你又必须出差不可时，无须过度担心，你可以把下面提供的方法交代给孩子的照顾者。尽管不容易，但相较之下，你的孩子会得到比较妥善的照顾。

在外地也能安慰家中生病的孩子

● 当你到外地工作的期间，把孩子希望得到的特殊待遇写下来，交给孩子的照顾者，请他们代替你帮孩子实现愿望，并转告孩子这是你的心意，你希望他们的病赶快好起来。

● 在你到外地出差工作时，把"孩子的健康照护箱"交给孩子的照顾者，请他们善用里面的"法宝"来安慰孩子。如果你还没有"孩子的健康照护箱"，赶快准备一个吧。

● 尽可能常打电话回去关心与了解孩子的状况，问问孩子照顾者如何照顾他们，以及他还需要些什么。然后把孩子的需要转达给孩子的照顾者。

● 事先准备好泡泡浴、浴盐或新的浴缸玩具，在你外出工作前交给孩子的照顾者，请他们利用这些东西为孩子制造洗澡的乐趣。

● 在出发到外地工作前，先预录好多卷安慰、鼓励孩子的录音带，或者预录孩子喜欢听的枕边故事，请保姆或照顾者每天播放一卷给孩子听。

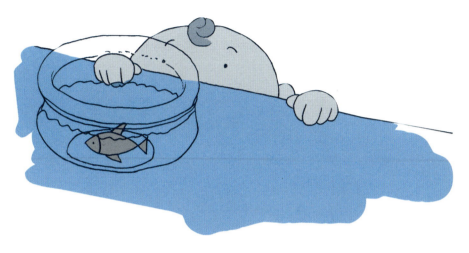

意外状况的预防

当孩子发生严重的意外或突然生了一场大病时，父母一定会排除万难赶到他们的身边照顾，如果当时正身在外地，甚至会不惜跟老板吵上一架，然后跳上第一班飞机或以最快的方式赶到孩子的身边。然而，有时孩子发生意外或突然重病时，照顾者或保姆根本无法及时联络到你。

为了预防孩子发生紧急状况却一时无法联络上你，而你的配偶也无法及时赶回家，你必须事先委托适当的人帮忙处理紧急状况，并把受委托者的联络方式告诉照顾者或保姆，同时公布在"家庭互动站"上，如此才能让孩子在危急中获得比较好的照顾。

 **在意外发生后**

当孩子发生严重的意外或突然生重病时，即使你无法立刻赶回家，也必须在第一时间掌握孩子的状况到底有多严重。年幼的孩子还无法知道事情的严重性，因此表现出的情绪常与内心实际的感受不一致。有时你会发现，明明状况很严重，但他们却一副满不在乎的样子。

当你赶到孩子身边后，要做的第一件事不是责骂孩子顽皮闯祸，而是先用眼睛从上到下检视孩子的状况，并摸摸孩子的额头与身体，确定孩子是否有受伤，或者是否有发烧，然后好好地抱抱他们，接着再询问孩子意外到底是怎么发生的，并判断是否该带他们去看医生。

确定孩子没有大碍后，你可以和他们好好聊一聊，让他们知道你有多么担忧，同时也要问清楚他们的感受、了解他们的想法。就算孩子没有哭，你也要试着去了解他们是否仍处在惊吓的状态，有时他们会因为惊吓过度而哭不出来，这时该考虑带他们去看心理医生，让他们的情绪得到安抚。

如何安抚孩子的情绪呢？除了带他们看心理医生，还可以利用下面的技巧，在你回家面对孩子的意外状况时适时安抚他们。

● 询问孩子意外发生的经过，以及他对受伤去看医生的想法。你必须仔细询问、专心聆听他的陈述，并且注意他的肢体语言，以帮助判断意外带给他的冲击到底有多大。

● 假如孩子还没有上学，语言表达能力还不是很完整，而你想更了解他们到底应该接受什么样的治疗时，可以鼓励孩子用表演的方式来说明，例如帮孩子买一套玩具听诊器，和他们扮演医生与病人的游戏，让孩子为你看诊、打针、贴纱布等。透过游戏过程的观察，你也许会发现孩子正在传达他们接受治疗时的感受，不过也不需过度解释孩子的行为，他们可能只是在表达内心的害怕而已，事情并没有你想象中那么严重。

● 让孩子把意外发生的经过画下来，然后慢慢地询问他们画里的故事，这能使你对意外的发生有较为清楚的轮廓。

● 观察意外发生过后几天，孩子的饮食、睡眠、游戏与精神状况是否有明显的变动，借此判断意外事件对孩子的身心是否有持续性的影响。

● 意外事件过去后，当孩子再度目睹类似的意外，或他的朋友也发生相同的意外状况时，你必须仔细观察孩子的反应，因为他们有可能经历到二度伤害。察觉到孩子有任何焦虑的反应时，最好寻求专家的协助。

>> 无法陪孩子看病时

　　有时候你已排好时间要带生病的孩子看医生，却因为工作上临时出现状况而打乱原定的计划。这种情况会不会造成父母的困扰，要看孩子对看病这件事情的态度而定，有些孩子虽然平日并不排斥或害怕看病，但是遇到意外状况时，因为心生惊慌，反而抗拒去看医生；同时谁陪伴孩子去看医生，也会影响他们是否愿意看病的意愿，有时孩子就是会突然变得坚持且顽固，非要你陪他去看病不可，其他人陪伴都不符合他的期待，所以父母们不要过度依赖过去的经验。

　　虽然无法陪伴孩子去看病，但你还是可以事先做些准备的工作，让孩子不会过度抗拒去看医生。

　　● 列印一份"健康检查表"，并在孩子去看病之前，找个时间向孩子逐项解释"健康检查表"上的每个项目，让孩子知道医生对他们做那些项目的检查用意为何，同时向孩子说明看病时可能要面对的状况。如果孩子的年纪还小，无法理解你说的，不妨和孩子扮演医生与病人的游戏，由你扮演医生帮孩子做检查，然后再换孩子替你"检查"，之后再将"健康检查表"交给陪伴孩子看病的大人。

● 如果这次帮孩子看病的是一位新医生，在孩子去看病之前，尽量把你对医生的了解告诉孩子，例如医生的长相、年纪、性别，或这个医生以前曾替孩子的哪个同学或朋友看过病，并解释你这次帮他选择这位医生的原因。

● 如果孩子因为你无法陪他去看病而显得紧张或害怕，更想起过去可怕的看病经历，你可以告诉孩子有谁会陪他去看病，并向他保证陪他去的大人会对他非常好，而且会很用心且温柔地照顾他，借此增强孩子的信心。

● 如果孩子已经能读能写，不妨将"健康检查表"交给孩子，让他在看病结束后填写；如果孩子还没有能力做这件事，就由陪伴他的大人代为填写。

● 如果孩子去看病那天你必须出差，就告诉他你会在什么时候打电话回来。

● 等你忙完工作或出差回来后，和孩子聊聊那天去看病的情形，同时阅读他或陪伴者所填写的"健康检查表"。

★ 健康检查表 ★

■护士或医生可能做的事：

☐要孩子把衣服脱下来 ☐替孩子量身高

☐替孩子量体重   ☐替孩子量体温

■医生为孩子做了什么检查：

☐量血压   ☐检查心跳与呼吸

☐摸摸头部   ☐检查眼睛

☐检查耳朵   ☐检查喉咙

☐摸摸孩子的脖子   ☐按按孩子的肚子

☐检查四肢与全身   ☐检查反射神经

☐询问孩子吃了什么东西 ☐询问孩子一堆问题

■备注：

>> 孩子患有慢性病

　　我先生从小就有气喘问题，得随身携带扩张剂，我儿子出生后也无法逃过这个麻烦的疾病，每天都必须服药以控制病情。我们在他4岁时便训练他自己服药，并分别给保姆、幼儿园老师和小学老师各一张周期表，请他们帮忙记录儿子的状况，当他气喘发作时，保姆和老师们会帮助他服药并做记录。我们还训练他操作"空气帮浦"，这个机器能把药弄成粉末状。从出生到就读小学，我儿子已经学会接受不同人的照料。

——淑真

　　当孩子罹患诸如严重气喘、儿童糖尿病等这类需要长期服药、治疗的慢性病时，在治疗前后，你可以建立一套程序让孩子去熟悉它。如果在孩子就医治疗期间你必须到远地出差的话，要事先让孩子知道，选个时间和孩子专心讨论这个问题，并请他和你一起处理这个状况，同时参考以下的建议帮助你减少困扰。

让孩子接受你无法在场陪伴

● 问问孩子，当你无法陪在他们身边接受治疗时，他们心里的感受是什么。

● 问问孩子，当他们觉得不舒服时，希望由谁陪伴去治疗，然后你再考虑是否"训练"那个人来接替你，或者仍然由你来处理。

● 问问孩子，由接替者来陪伴他们时，他们是否愿意遵循接替者处理生病的程序，还是希望维持原来的方式。

● 问问孩子，去看病之前，在不影响治疗的前提下，他们想不想去某个地方，例如去吃些东西，或是在看病结束后到某家特殊的餐厅用餐或去公园玩。

● 问问孩子，在看病的过程中，他们希不希望陪同者握住他们的手，或读故事书给他们听，或者是否有其他的要求。

第六章

晚上无法准时回家

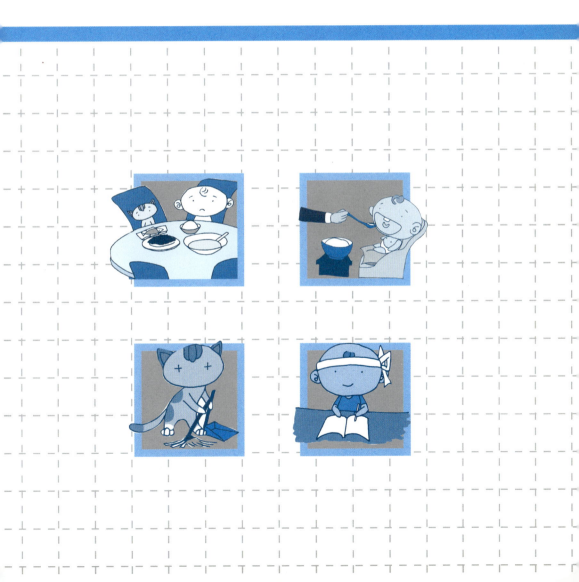

当父母中有一方在外地工作无法返家时，其实孩子的作息也可以跟着稍微改变一下，让孩子享受一下新鲜感。新鲜感能够分散孩子的注意力，使他们比较不会因为父母不在身边而产生空虚感或不安全感。

每次到外地工作之前，我都会为三个孩子录一段话，这样我才能稍稍放心地离家。虽然无法陪在女儿身边，但三个孩子都很接受也享受这种陪伴方式，有时候我都已经结束工作回到家了，还会听到孩子们兴高采烈地和我聊着那段录音。

——克莱尔

让父母晚上无法准时回家的原因有很多，也许是某个企划案必须在当天提出，也许是必须加班开会、正好在外地出差，或者下班后要去上课进修等。但是，不论原因是什么，你势必会错过晚上全家人在一起吃饭、看电视、聊天、陪孩子做功课，或为孩子们念枕边故事的时刻。

当你缺席这个家人共处的时光时，要如何才能让家人不会感觉到有缺憾呢？

>> 错过晚餐时间

　　晚餐可以说是一天中全家人相聚的最重要时刻。当我无法准时赶回家吃饭，或必须到外地工作无法回家时，我那不擅长下厨的先生就会带着孩子出门用餐。我们和孩子都很能够面对一方无法回家吃晚餐的情况。

——淑真

　　几乎在每个双薪家庭里，早餐总是吃得匆忙，午餐各自解决，只有晚餐可以有充足的时间，容许全家人愉快、放松、缓慢地边吃边聊天，然后看电视、陪伴孩子。就算是晚餐也吃得匆忙，父母有没有参与其中，对孩子来说都是很重要的。晚餐的餐桌上少了你，孩子一定会感到失落。

"煮夫"或"煮妇"缺席

　　如果家人平日的三餐都由你负责，那么在你出差前要事先做好准备与安排。你可以依据出差的天数预先准备微波食物，把当天晚餐的食材洗切好并包装起来，然后在外包装上贴上使用指示，告诉另一半或较大的孩子如何利用微波炉加热那些食材；或者建议配偶外叫披萨，然后自己再动手做些配菜，例如煮一锅蛋花汤或蔬菜汤、炒一盘青菜等，这样不必大费周章就能吃到营养均衡的晚餐。

　　当然，另一半也可以和孩子一起下厨做亲子晚餐，不但可以增加孩子的生活乐趣，还可以让孩子暂时忘记妈妈或爸爸的缺席。

亲子晚餐

你可以参考以下建议，让留在家里的大人和小孩一起动手，准备亲子晚餐。

● 让孩子自己动手包水饺。市面上有卖现成的水饺皮，只要你事先买好水饺皮并准备好内馅，便可以让留在家里的大人和孩子一起包水饺，并享受他们自己的杰作。

● 事先带孩子到超市挑选他们需要的材料，让孩子表现他们的厨艺，留在家的大人则监督并协助孩子准备晚餐。

● 事先预告你已经订了哪一天的外卖，请留在家里的大人不必准备晚餐，也不要带孩子到外面用餐。记得先付清账单，或把钱留下来。

● 事先把家人爱吃的菜洗好、切好并包装起来，然后在外包装上贴上微波方法，到时候只要拿出来用微波炉加热就能上桌，同时请留在家里的大人告诉孩子，这是你特别为他们准备的。

>> 偶尔缺席晚餐

偶尔缺席一个晚上，有时候反而会让那天变得更特别且值得纪念。孩子会因为保姆或其他大人突然出现而感到意外，暂时忘记你不在家的事实。针对父母一方偶尔缺席晚餐的问题，我设计了一些活动供父母们参考，但在决定要采用哪些活动前，必须先征求保姆或留在家照顾孩子的大人的同意，以及询问他们对哪一项活动比较感兴趣。

● 把用晚餐的地方改到客厅，并以野餐的方式进行。

在客厅的地板上铺一张毯子或桌布，餐具则采用纸盘、纸杯、纸巾和竹筷。如果孩子还小，允许他们带心爱的玩具参加，当作是他们的"客人"，并适时加入一些野餐的话题逗孩子发笑。

● 如果晚上的天气不错，也可以考虑把野餐的地方搬到庭院里进行。

● 临时告诉孩子，要带他们去一家特殊的、而且他们也很喜欢的餐厅用餐。

● 举办童话故事晚餐派对，并设定不同的主题，例如这次的主题是"绿野仙踪"，每位成员都打扮成《绿野仙踪》故事里的人物才能参加晚餐派对。

● 开放孩子决定自己喜欢吃、想要吃哪些东西的权利，把平时父母对他们的饮食限制全都解禁。

>> 长期缺席晚餐

每当我被分配到飞欧洲航线时，我会先拟好一份每天晚餐的菜单，同时上超市采购所有的食材并放到冰箱，然后把菜单交给我先生，并附上每一道菜的做法，请他按照菜单准备晚餐，同时告诉他如果真的做不来，可以请保姆过来帮忙一下。不过，我发现每次出差时，他的表现都令我挺满意的。

——珍容

当你因为工作的关系，必须经常性或长期无法跟家人共进晚餐时，绝对不可以把无法陪伴孩子的责任推卸给工作，而是要努力想办法，协助家人在那段时间建立起一套没有你在家的生活习惯。你可以帮他们想一些适合在晚餐时间进行的活动，让他们的晚餐变得有趣许多，就算你无法在家和他们一起吃晚餐，也能让他们在失望之余仍对晚餐充满期待。当你长期缺席晚餐时，可以参考以下技巧。

● 当你要外出工作好几天时，可以事先拟好一份每天晚餐的菜单，并采购所有的食材，然后把菜单与每道菜的做法交给留在家的大人，请他按照菜单准备晚餐，如此他就不用对晚餐该吃什么而伤脑筋了。

● 挑选一两家孩子很喜欢的餐厅，只在你因为工作而无法回家共进晚餐时，才让保姆或照顾者带孩子到那里用餐。

● 让留在家里的大人和孩子也能吃到你在外地工作时吃到的美食。在与家人通话的时候，与他们分享你在外地吃了什么美食，让他们也可以尝试一下；如果他们找不到提供类似美食的餐厅，你可以把食物的内容与味道描述给他们听，让他们试着自己动手做看看。

● 让孩子开菜单，而留在家里的大人则协助孩子准备晚餐。孩子开出的菜单可能是他们平日就很想吃，但只有父母不在时才能吃到的食物。

>> 家务谁来做

　　令双薪夫妻头痛的事情，除了照顾、陪伴孩子的问题外，家务是另一个麻烦的问题。当孩子到了小学阶段，有能力帮忙做一些简单家务时，父母常会发现问题有两种：有时候是孩子不肯帮忙做，有时候是孩子愿意做但却做不好。

　　父母可以列出一张"家务检查表"，帮助孩子知道他们负责的家务项目有哪些、该在什么时候做，让他们可以按部就班去做，以求越来越熟练并养成习惯，不管父母在不在家，习惯都会继续保持下去。如此一来，当爸爸或妈妈到外地出差时，孩子的生活节奏才不会紊乱。

——廷远

家务问题该如何处理与分配，让每个家庭成员都能守本分地完成自己分内的工作，可是一门大学问。当做家务的责任由配偶双方共同分担时，即便一方不在家，还有另一方可以顶替；不过，当孩子的年龄与体力可以帮忙承担家务时，父母中要有一位扮演"值星官"的角色，确定孩子是否遵照规定做事，并给予适时的协助，同时他也必须知道孩子在面对家务时能力和弱点在哪里。

　　也许在你家中扮演"值星官"角色的人就是你。每晚你验收家务成果时，可能会发现每个人都很尽责，但也可能逮到严重的违规，而一旦有严重违规的情况出现时，你得尽快想办法纠正孩子，否则一旦你这个"值星官"不在家，所有的家务很可能因而中断。所以，事前要做好安排，让孩子能够继续做好分内的家务。

当"值星官"不在家时

● 当"值星官"不在家时，要让留在家的大人知道你定的家务规则，并了解孩子目前做家务的状况，注意他们是否守本分地完成自己的家务责任，同时把你监督孩子的小技巧告诉对方，以防他中了孩子的伎俩，比如拖延、耍赖、假装不会做或心不在焉等。

● 直接跟孩子沟通，告诉他们你这个"值星官"什么时候要到外地出差，无法协助他们做家务，请孩子承诺你不在时，他们仍会自动完成自己的分内工作。记得提醒他们，如果真的需要协助时，可以去找某一位大人。最后要给予孩子真诚的祝福。

● 确定留在家的大人是否认识孩子的老师，并要求他们在必要的时候不要害怕求教。

● 除了家务之外，如果孩子还有学校指定的家庭作业要做，务必事先让帮忙照顾孩子的大人知道，孩子除了要做家务外，也要完成家庭作业。如果指定的作业和平日不同，则要事先告诉照顾者，让他知道该如何协助孩子。

● 事先准备一些小点心，当孩子完成家务或作业时，请帮忙照顾的大人给孩子一些小小的奖励。

● 在你出差期间正好遇到孩子要段考时，无论如何都要找时间打电话给孩子，问问他们准备得如何。如果孩子对考试没有信心，问他们是否遇到什么困难，并想办法帮他解决，例如鼓励他向同学请教，或者打电话问家教或老师。

在你出差前，请务必详细填写下列的"学校联络单"并交给留在家里的大人，同时列印一份贴在"家庭互动站"上。

★学校联络单★

孩子姓名：

老师姓名：
电　话：

老师姓名：
电　话：

同学姓名：
电　话：

>> 监督孩子的课业

对某些父母而言，查看孩子的作业是了解他们在学校状况的唯一方法。当你的工作时间很长，又必须经常出差时，很快的，你可能会觉得对孩子的学习情况一无所知。这种情况常令繁忙的双薪父母感到无力，因此我针对这个问题提出一些监督孩子作业的方法，让你在忙碌之余，仍能掌握孩子在学校里的学习状况。

 ## 不在家时也能监督孩子的作业

● 如果你的工作一直都很忙碌且必须经常出差，应该让老师了解你的状况，并告诉老师当你不在家时，负责照顾家里的人是谁。如此一来，当孩子有什么状况，老师就能迅速、有效地处理。

● 如果可行的话，请孩子把完成的作业传真给你检查，或请老师将批改好的作业传真给你看，让你知道孩子有哪方面的学习问题，并通过电话督促孩子。

● 如果你必须加班到很晚才能回家，可以利用"家庭互动站"传达信息。加班回家后，先检查孩子的作业与联络簿，然后将你的意见或想法写下来，贴在"家庭互动站"上，第二天孩子就能读到你的留言。

● 如果你希望在你出差期间孩子能够完成某件功课，例如背九九乘法，不妨事先准备一个奖品，并把奖品交给留在家的大人，等孩子达到这个目标时，就立即给予鼓励。这个奖品可以是一张奖状、一句鼓励的留言、一卷为孩子加油的录音带、到某个地方玩的承诺，或是孩子期待已久的玩具。

● 如果时间与财力都允许的话，请孩子在电话里背出英文单词、九九乘法，或念课文给你听。

此外，你也可以制作一份"家庭作业检查表"，下回出远门时把它带在身边，内容是将你离家这段期间，每个孩子可能要交的作业一一记录下来，并复印一份交给留在家的大人。利用这份检查表，你可以事先知道孩子未来有哪些作业要交、那些作业会不会很困难，以及要帮助他们完成哪些作业。要交作业的前几天，你可以打电话提醒孩子，督促他们要及时完成。

★家庭作业检查表★

孩子姓名：_____ 日期：____/____/____

科　　目：_____

作业范围：_____

缴交期限：_____

需要的协助：_____

_____

完成作业所需的资料：_____

_____

可能遭遇的困难：_____

_____

_____

能够协助的人：

同学： 电话：	老师： 电话：
同学： 电话：	老师： 电话：

第七章
错过孩子的重要日子

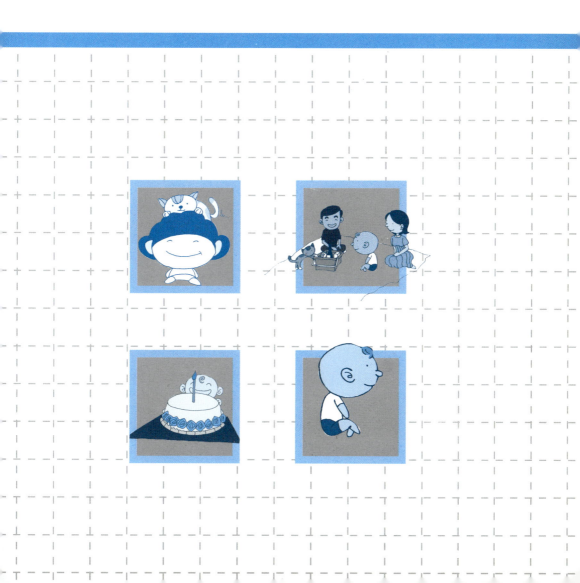

我非常重视孩子的重要日子与重大活动，但身为一位空服员，我得在世界各地飞来飞去，因此不免经常错过孩子的重要日子，或无法出席孩子们的重要活动场合。我知道孩子会感到失望，但我会事先和孩子谈论那个重要日子会有什么状况，这样对孩子的确有莫大的帮助，例如他们在那个重要的日子或活动当天，孩子打算穿什么服装，有哪些人会去参加他的活动，然后我就可以和他来个事前的彩排。这个方法真的很管用。

——容珍

　　参与孩子的生日派对、学校运动会、游园会或其他重要活动，都会令人感到兴奋。不管是大人或小孩，每个参与者对于活动进行的方式都有各自的想法，而在活动举行的当天，所有的想法齐聚一堂，整体成果也将令人感到非常满意。

　　错过孩子的重要日子或某个特殊活动，它的影响远大于错过给孩子一个微笑或一个拥抱，尤其当天你是除了孩子之外的主角，你的无法参与绝对会影响到活动的气氛。

　　当你因为工作的缘故，不得不缺席孩子的重要日子或活动时，要怎么做才能让活动成功圆满呢？关键在于事先了解孩子对活动当天的期望，然后与家中其他成员讨论，看看孩子的期望是否实际可行，并且让孩子明白虽然当天你不能出席，但你可以和他们事先进行一次不同于以往的庆祝。

>> 如何告诉孩子你无法出席

当你知道孩子满心期待你能出席他的重要活动，例如节日庆祝的演出或运动会，而你很确定自己无法参加时，该如何告诉孩子你无法出席呢？

这时，你要做的第一件事是，把你的状况诚实地告诉孩子，真诚地表达你的遗憾，让孩子知道你并不是不愿意出席他们的活动，但是事情演变成这样你也感到很失望。不要觉得孩子理所当然地应该体会你的心情，你必须花时间让孩子明白，对于没办法参加他们的重要活动，你和他们一样难过。

诚实告诉孩子你的状况

● 先私底下告诉孩子你无法出席他们的活动，向他们解释无法出席的原因，说明你的心里有多么难过和失望。告诉他们，你能体会他们的心情，因为你也有相同的感受。

● 和孩子谈论有关责任感的问题。告诉孩子，在这种情况下你别无选择，让孩子明白每个人都有不同的责任，而且都要尽自己的责任，你的责任是把自己的工作做好，而孩子的责任是把他们的学业与家务做好。但最重要的，是一定要让孩子明白，如果你能有别的选择，一定会想办法出席他们的活动，否则孩子会觉得你拿工作当挡箭牌，不想参与他们的重要日子。

● 知道自己势必会错过孩子的重要活动时，你可以事先在家里与孩子进行"彩排"，请孩子预演他们将要表演的节目，而你和家人当他们最重要的观众，等他们彩排结束后，给他们真诚的赞美与鼓励。这样做可以减轻孩子对当天表演的紧张情绪，并舒解他们的焦虑。

● 询问孩子，活动当天他们希望邀请哪些人去观看。通常父母之一能出席，孩子们就会觉得足够了，如果你没有配偶，就邀请一位与孩子感情最亲密，或孩子最信任的亲友参加。虽然这位亲友无法取代你的重要性，但至少能让孩子觉得在那个重要的日子里，他们有受到重视。

>> 捕捉珍贵时刻

在诚实地告诉孩子你不能出席活动的原因，而孩子也能够体谅并接受之后，事情不应该就这样结束了。接下来你要做的是想办法捕捉你将错过的珍贵时刻，并在事后与孩子一起回忆那段美好的活动过程。

捕捉珍贵时刻的技巧有许多种，常用且方便的方式包括摄影、拍照和录音；用心思去捕捉那些珍贵的时刻，更胜于口头告诉孩子你有多希望能在场。当孩子看到你费心的安排时，他们自然会知道你真的很在意他的事情，而且事后当你跟孩子一起回忆那些时刻，也更能肯定自己在面对那样困难的状况时，你已尽了最大的努力。

拍下珍贵画面

　　请你的配偶或与孩子最亲近且信赖的大人，利用相机捕捉孩子在活动中的珍贵画面。假如陪孩子出席活动的人不会照相，千万不要迟疑，务必再请另一位亲友帮你拍照；如果你真的很担心陪伴孩子出席的大人不会拍照，又不好意思一直请旁人帮忙，那么购买一个有照相功能的手机，它的操作非常简单，就连小孩子都能轻松自在地自拍。

　　不论你准备的是有照相功能的手机或一般的相机，都必须事先充电或准备足够数量的电池，并与即将陪伴孩子出席活动的大人沟通，表达你希望他拍摄的内容。

拍下珍贵画面的预制清单

● 活动前的准备过程，像是换装、准备出门、到达会场等。

● 孩子换上表演服装后，访问他们自己扮演的角色是什么。

● 在活动前后访问参与者：你觉得兴奋还是感觉很平静？你事先设想过会有什么状况吗？希望再重来一次吗？你觉得最有趣的部分是什么？

● 访问孩子的同伴或其他家庭的小孩对活动有什么感觉。

● 访问亲朋好友，请他们谈一谈对出席孩子活动的感想，并请亲朋好友们一起为孩子加油打气。

● 在孩子有空且不会影响到活动进行的时刻，把手机交给孩子让他们自拍，或拍摄他们自己喜欢的画面。

● 表演结束后，请亲朋好友为孩子的努力讲些肯定、赞美的话。

● 如果你希望能精准地抓到孩子最美、最有感情的画面，可以考虑聘请一位专业摄影师为你服务，或者全程录影。

写下珍贵画面

当你无法参与孩子的重要日子或活动时，可以在事后请孩子为你把活动的过程写下来，并建议他们以写故事的方式来表现，而不是记流水账或写报告的方式。

这个方式可以让孩子重温活动当天紧张又兴奋的精彩过程，同时你也可以和他们一起分享他们的快乐。如果孩子不知道该怎么写，你可以指定题目并教导他们故事的重点，例如一开始对活动抱持什么样的期待、活动开始前的心情、活动过程中最有趣的部分、最让他们感动的珍贵时刻、他们对这次活动的感受是什么等。

除了写故事之外，还可以建议孩子附上插图。他们可以自己动手画，也可以利用活动过程中拍摄下来的照片；如果你的孩子是个漫画高手或者热爱漫画，不妨建议他们以漫画的方式来呈现。

画下精彩时刻

当孩子决定以漫画方式呈现他的活动故事时，你可以建议他把故事分成几个小单元，并鼓励他把脑中闪过的画面画下来。这个方式可以让孩子为你捕捉特别的镜头，如果你的孩子年纪比较小，也可以请出席活动的大人帮助孩子画下活动中的每一个单元故事，等你工作结束回家后，再请孩子一一为你描述画中的故事，并一一询问每个吸引你注意的画面所代表的意思。

>> 活动当天对孩子表达关怀

对孩子而言，在活动当天若能得到无法出席的父母对他们表达的关怀，意义将会非常重大，且能令他们勇气倍增。利用下面的方法，你也能在远方为孩子鼓励与加油打气。

● 活动当天打电话给孩子，为他们鼓励、打气。如果可以，最好活动前后都打电话给他们，这两通电话一定能发挥很大的功效！

● 在出差前先准备好一份要送给孩子的特殊礼物，等到活动当天早上，请留在家里的大人把礼物交给孩子，或者你在出差当天的早上直接交给他们。如果那天孩子需要盛装出席，你可以送他们一条领带、领结或皮带；如果那天的活动是运动会，就送他们运动用品、一个鼓励性的小奖品，或者请家人带他吃一顿大餐。

● 事前亲自为孩子做一张卡片或一样饰品，并用字条留言告诉孩子，说你很高兴能为他们做这些事；然后交待留在家里的大人，那些东西是你特别为孩子的重要日子准备的，请他们在活动当天交给孩子。

释放罪恶感

　　曾经好几次，在孩子的重要日子时我必须出差工作，那些日子对我来说真的压力很大。我知道自己无法两者兼顾，所以只能在工作之余，尽最大的能力弥补并减轻孩子的失落感；不过我也会试着善待自己，不让压力击倒我，例如下班后打电话给孩子，或是和同样有孩子的同事聊聊自己的心情，这些都会让我的心情轻松许多。

——怡平

　　要熬过那一天，对你一定非常不容易，甚至有时候你会满怀罪恶感。但是，与其一直被困在亲职关系里你无法顾及的那部分，还不如想想身为一名父母、一位员工，你正在做什么。面对无法周全顾及的亲职关系，你除了尽最大的努力外，也应该把心中的罪恶感释放掉。

以下的方法也许能帮助你释放罪恶感。

● 在无法出席孩子活动的当天晚上，为自己安排一些特别的活动，例如出去吃饭、看场电影或观赏戏剧表演，暂时分散一下自己的心思。

● 把焦点放在工作上，多想想你在工作上的成就并以此为自己打气，不要满脑子只想着错过和家人共享的部分。

● 想想你的工作对家庭有多大的贡献，为家人带来什么样的利益。

● 仔细看看你的四周，你会发现你不是唯一错过孩子重大日子的父母。或许，你不能出席活动会令孩子感到生气与失落，但孩子是很有弹性的，他们能克服这种情绪。

● 想想一直以来你为孩子费心所做的事情，你是不是个称职的父母，并不是以一次的表现来衡量的。

结束工作返家后

　　每次我在孩子的重要日子必须到外地工作时，我先生和家里其他大人会把活动当天的过程拍下来，等我结束工作回家时，一家人便会把带子播放出来一看再看。我们会一边看一边讨论，大家还会七嘴八舌地提出各自的意见。有时候看带子比活动本身还要有趣。

——怡平

　　你永远无法预知，在错过孩子的重要日子后，结束工作返家的你将面对什么样的状况。孩子也许会兴奋地抢着告诉你活动当天的情况，也许会生你的气、与你冷战、不理你，也或者他们早就把活动的事情忘得一干二净。但不论你返家后面对的是什么情景，都应尽力让孩子与你分享那段经历。如果你在错过孩子的重要日子后，没有对他们适时地表达关怀，那么事前做得再周到也是枉然。

回家后的适时关怀

● 回家后和孩子约定一个时间，两人一起看活动录影带、孩子所写的活动故事或画的漫画。

这段时间只属于你和孩子两个人，不会受到任何干扰。不过在与孩子约定时间前，要先了解一下孩子的情绪，如果他们还在生你的气或对你不理不睬，最好先向他们道歉，给他们时间冷静并抚平情绪，然后再找机会和他们谈谈活动当天的情况，并约定属于你俩共享的时间。

● 直接询问孩子活动当天的情况，观察孩子的反应有多热情，再来决定你们要谈论多少。

● 如果你错过的是孩子的运动比赛，可以让孩子利用玩偶来模拟活动当天的赛程。

● 请孩子当导演、家人当演员，让他们把活动当天的过程"演"出来。

● 陪着孩子一起把活动的照片编辑成一份专辑。

● 真诚地向孩子表达你无法出席活动的遗憾。

告诉孩子，你很高兴他有那样一个大日子，但是很遗憾你无法参与，并向他们保证你一定不会错过他们的某个重要日子。以后当类似的状况再度发生时，如果你想到能令孩子满意的解决办法，就尽快把这个好消息告诉孩子。

● 和孩子订下一个只有你们两人的约会，借着这个和你独处的机会，让孩子找回信心，并相信你是很在意他的，他在你心中占有重要的地位。

如果孩子还是不愿意热切地回应你、与你互动，你也无须气馁。站在乐观、积极的角度来看，至少他知道你正尽力弥补缺席的遗憾，而且珍贵的镜头已经保存下来，你可以随时陪着他一起回忆，别因孩子一时的情绪不平就认定自己的努力毫无效果。同时，你也可以再想想其他的解决方法，这样也许下次再发生类似的情况时，结果会令你和孩子都满意。

>> 错过孩子的生日

　　错过孩子的生日与错过孩子的一项活动，两者的感觉是不一样的。全家人聚在一起庆祝孩子生日、给孩子祝福，不似出席孩子的一场音乐独奏会或一场运动比赛，因为这些活动的时间较短、能轻易捕捉到重要的时刻，但生日派对却可能因为亲友、客人抵达的时间不同而持续很久，无法在一两个小时内就结束。

　　当你无法参加孩子的生日派对，或者错过某个对全家人都很重要的日子时，不妨考虑在出差前用你自己的方式预先庆祝，也许反而更令人回味无穷。

预先庆祝孩子生日或重要家庭日的方法

● 将庆祝活动提前举行。

● 在出差之前，与孩子合力布置某个房间或区域，作为当天举行庆祝活动的主要场地。

● 在出差期间，为孩子和自己购买一个小蛋糕和小礼物，并在孩子生日当天打电话告诉孩子，你准备了蛋糕与礼物，要和孩子同时庆祝他们的生日，只不过必须等到你结束工作返家时，才能把礼物送给他们。

● 出差前和孩子一起做些你们都喜欢吃的食物，并另外准备一些东西，留待他们在生日派对那天享用。

● 在"家庭互动站"上贴上大大的祝福话语；或者找来一块彩色的纸板，在上面或写或画上祝福的内容，然后把它剪成不规则的小块，做成拼图，等到孩子生日当天，再由家里的大人把拼图转交给孩子。

● 找些以生日或家庭为主题的故事书，每天挑选几则内容念给孩子听，直到你要出差的那一天。

● 与孩子合力制作生日旗帜或家庭重要日子旗帜，并在生日或家庭重要日子当天，把旗帜挂在你家的窗口。

● 问问孩子希望如何过他们的生日，如果他们的想法可行，就在出差前找个周末帮他们实现梦想。

每个家庭庆祝生日的方式都不同，如果你们家一直很重视生日，而刚好那天你又不能在场，请务必提早对孩子有所表示。其实，庆祝生日的活动不一定要在生日当天举行，因为在孩子学会看日历之前，他们根本不知道自己的生日是哪一天；再者，与其坚持要在生日当天举行派对而你却不在场，还不如把庆祝活动安排在你在家的时间，相信孩子会感到更加高兴和满足。

如果孩子的生日派对邀请函都已经发出去，一切也都准备妥当了，你却突然接到公司的出差通知，这时应采取的方法有两种：一是利用"捕捉珍贵时刻"的技巧，请家里的大人把庆祝活动的过程记录下来；二是与家人举办一场生日派对前的庆祝活动。

生日活动的参考方案

● 由要过生日的孩子决定菜单，然后全家总动员合力为孩子做菜。

● 与孩子一起做许多杯子小蛋糕，并陪着孩子将蛋糕分送给他的朋友。

● 和孩子来一场生日专题访问，请他对即将到来的生日发表感言，询问以前的生日派对中哪些事情让他印象最深刻。将这个访问记录保存下来，并且每年增加新的内容，日后一定会成为他非常珍贵的回忆。

● 即便远在外地工作，也可以利用快递把礼物送到孩子手上，这会比预先把礼物留在家里更让孩子感到惊喜。

● 利用空闲的时间，把过去一年来发生在孩子身上的喜、怒、哀、乐事件全部剪辑成册，在生日派对当天送给孩子当生日礼物。

错过孩子重要日子的应变之道

　　无法参加孩子的生日或参与家庭重要的日子，对必须经常出差的父母的确是个沉重的挑战，然而虽然是挑战，却也有甜美的时刻，例如打电话回去时的感动、回家后孩子争相向你报告的兴奋、知道家人的兴致并没有因为你的缺席而遭到破坏时的心安。这些特殊的感受总能成功化解你的危机，并在下一个特殊的日子到来时让你更加珍惜这个一家人团聚的机会。

第八章

出差的时候

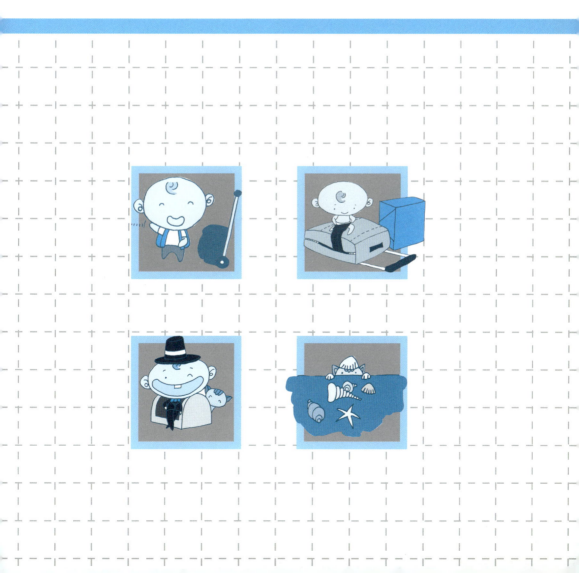

每回出差的时候，我会利用空闲时间打电话回家。我想知道孩子们都在做什么，问问他们有没发生什么有趣的事情，想和他们分享快乐；或当他们遇到什么困难的事情时，我也能够给他们一些建议。每次出门前，我会用图钉在地图上标示出我要去的地方，也会购买许多小纪念品回家送给他们，还会把出差途中碰到的有趣的人、事都拍下来，回家后再和孩子一起欣赏这些相片。

——安诺

出差虽然会令你对孩子感到抱歉，但也不是完全没有好处。如果你并不经常出差，那么它也许会让你觉得这是一次额外的假期并期待这天的来临，因为你终于有几天的时间可以好好享受一个人的日子，不必听到孩子哭闹尖叫的声音；但是，如果你经常出差，它就可能变成一种折磨，因为你得离开温暖的家，离开可爱的孩子，你得一个人孤单地度过几个夜晚，一个人吃晚餐，同时有着对家人挥之不去的思念。

不论你对出差的感觉是什么，最后都会发现，你的思绪终究还是不停地回到孩子身上，担心他们的功课是否已经写完，是否有准时上床睡觉。在你上一次出差时，如果某个孩子特别思念你，你这次出差时会不会特别担心他的状况？看到别人的家庭聚会或全家热情参与孩子的学校活动时，你是否希望能够立刻回去陪伴孩子？

想解决以上这些问题，其实只要和家人建立起一套出差时的活动计划就可以了——也就是让你的家人在你出差前后与期间可以从事的活动。每次出差前，和孩子们尝试一两项活动，渐渐地，他们就会发展出自己的活动；之后，当你再度宣布必须出差时，你不会再听到孩子们的抱怨声，因为他们已经知道就算你不在身边陪伴，他们也不会觉得无聊。有了一套出差时的活动计划，可以帮你节省很多的精力，否则你可能面对的情景是出门时家里一团乱，回去时也一样乱七八糟。

>> 成立"联络基地"

　　要建立出差时的活动程序，最好从成立"联络基地"开始着手。如果你是一位必须经常出差的父亲或母亲，必须常常与孩子分处两地，那么最好的方式就是在家里成立"联络基地"，让你和家人之间保持畅通的联系。

　　"联络基地"的设置可以是短期的，也可以是长期的。成立"联络基地"很容易，你可以按照下页的清单，把需要的材料准备好，很快地孩子就有一个能够讨论你的去处、掌握你的行程与回家时间的地方。如果偶尔才出差一次，你可以把"联络基地"的材料收起来，等到下次出差时再拿出来重建"联络基地"。

建立"联络基地"的方法

要成立"联络基地"，请先准备以下材料：

● 一个杂物箱、盒子或篮子。

● 依照你出差的地点而定，准备区域地图、全国地图或世界地图。

● 准备地图时，最好依据孩子的识字能力选择他们看得懂的地图。

● 在地图上标示你要出差的城市位置。

● 准备一份月历。

● 为不会看月历的孩子制作一份充满色彩与欢乐气氛的"数日卡"，材料包括硬纸板、色彩丰富的纸张、剪刀、蜡笔或彩色的麦克笔、打洞机、标签。

收集好所有材料后，请依照下列的步骤逐步打造"联络基地"：

1. 找一面墙，把地图挂起来。

2. 如果你的孩子还不会看月历，就为他制作一份"数日卡"，并挂在基地里。它代表你出差的天数，所以要先确定你会出门几天，再制作等数的卡片。卡片的做法如下：

①将四张图画纸各裁成四等份，共十六张小卡片，依出差的天数计算，每天设计一张卡片。

②在卡片上标明数字1、2、3、4……，直到所有卡片都标上数字为止。

③利用贴纸强调卡片上面的数字，比方在数字1的旁边贴一张水果贴纸，在数字2的旁边贴两张动物贴纸，以此类推，然后在卡片上方打洞，用绳子串起来，挂在"联络基地"里。

3. 把月历、数日卡、地图集、标签、固定数日卡的图钉或系绳等材料，装进杂物箱或盒子里。

4. 布置"联络基地"，可以全家人一起发挥创意，把从地图或杂志上剪下来的相关照片贴上去，或者让孩子自由彩绘。最后，制作一面写着"联络基地"的旗帜。

利用地图做活动

以几个家庭作为基本会员，开始启动"联络基地"的活动。孩子们可以通过"联络基地"学习到地理知识，其丰富性会令你大为吃惊。以下便是如何利用地图做活动的例子。

● 把全家到访过的地方全在地图上标示出来。

● 把朋友和亲戚的住处也在地图上标示出来。

● 从报纸上挑选三个国家，把它们标示在地图上。

● 教导孩子们利用地图上的比例尺换算，并请孩子们计算两地之间的距离，如：

从你们住的地方到隔壁城市。

从你们住的城市到动物园。

从你们住的国家到另一个国家。

● 利用世界地图向孩子们解释时差的问题，如果地图上没有标示，就自己动手画在地图上。电话簿上通常有全世界的时区图。

● 换算一下世界各个地区的"时刻"，以及让孩子们看看当地的人们都在做什么。例如：

你所住的城市现在是什么时刻？

美国纽约现在是什么时刻？

英国伦敦现在是什么时刻？

法国巴黎现在是什么时刻？

● 找出住在不同时区的亲朋好友名单，猜猜他们正在做什么事。

>> 出差前的预告

我的女儿不喜欢"意外惊喜"。当常规生活中有任何变动时，她希望我们能够事先让她知道，就连外出用餐这么微不足道的事情也不例外。当我或先生必须到外地出差时，也得事前不断提醒她，直到她开始上小学，学会看月历后，我们才不必这么麻烦地提醒她，只要事前告诉她就可以了。事前让她做好心理准备，我们便可以无后顾之忧地出门。

——克莱尔

在你出差之前，应该预先告诉家里的每一个成员。尽管每个家庭成员想知道的理由也许都不一样，但他们都需要做好心理准备，尤其是年幼的孩子，当他们一回到家，发现父母不在、晚上没有人陪他们上床、为他们念枕边故事时，他们会感到特别不安。

出差前，帮助家人做好心理准备是个很不错的方式，对年幼的孩子尤其有益，而且最理想的提出时间是出差前一两天。在出差前的倒数时刻，你可以用以下方式协助孩子做好心理准备：

● 先观察孩子的情况，评估一下要提早几天告诉孩子。

● 如果要提早三天告诉孩子，就把标示着数字1、2、3的数日卡拿出来，然后在出差前四天的晚上，请孩子到"联络基地"集合，将数日卡挂起来，并向孩子说明未来的三天，在每晚上床睡觉前都要取下一张数日卡，等所有卡片都拿下来后，隔天就是你要出门的日子。

● 如果孩子的年纪比较大，懂得看月历，则可以用月历标示出你出门和回家的日期。

● 在孩子取下最后一张数日卡的那个晚上，要向孩子简单地描述一下你要去的地方、你要去那里做什么，并向孩子保证你会与他们保持联络。如果你是搭晚班飞机离开，要特别提醒孩子，隔天早上他们醒来时你已经不在家了。

打包行李

孩子们有时候会趁着我在收拾行李、准备出门的时候，偷偷在我的皮箱里塞进小字条。有时候，我会回应他们，但会把答复他们的字条藏在屋里的某处；有时候，我会等到工作结束返家、心情放松后，再好好地回复他们的问题。

——宜玲

打包行李也可以成为亲子之间保持联系的一种方式。虽然孩子无法真正帮你收拾行李，但借这个机会可以让孩子对你的远行做好心理准备；同时你也可以为孩子设计"打包行李"的活动，让他们与你的心更亲近、对你的工作更加了解，也让他们感受到一些乐趣，而不再只是感受到分离。

为孩子设计"打包行李"的活动

● 把一个你已经不再使用的行李箱送给孩子,请他想象自己将有一趟长途旅行,并为自己打包行李。

● 在你整理行李的同时,可以建议孩子同样拿出他的书包或背包,把他第二天要用的东西放进去,这样你们就可以享受一起打包行李的乐趣。

● 用手机录下孩子们的即兴表演,表演内容由孩子自己决定,他可以唱歌、可以搞怪耍宝,或者说说他喜欢的东西。

● 如果你和孩子都有写日记的习惯,可以在出差前让孩子在你的日记上写些话,你也在孩子的日记里写点东西。

● 让孩子把厚纸板剪裁、粘贴成一个行李箱,或者你事先剪好形状,让孩子负责粘贴成一个行李箱。接着,你列出几个目的地,然后观察孩子如何根据不同的地点打包行李的内容。

● 请孩子挑选一样代表他的小东西让你打包到行李箱里，当你思念他时就可以看看这些东西。这些小东西可以是孩子的照片、孩子的小玩具、孩子常用的手帕、孩子的涂鸦等。

孩子感兴趣的风景区

迪士尼乐园

海洋世界

动物园

长城

攀登黄山

到某个小岛度假

温泉旅行

拜访外地的亲戚

打包记忆

　　在你出差前，挑选一样让孩子看到它就会想到你的东西，让孩子在思念你的同时也知道你在想念他。

● 　挑一样你个人经常使用的小东西，把它交给孩子保管，直到你回来为止。在挑选之前，要先确定孩子会把它带在身边或带着它睡觉，它可以不必是昂贵的东西，但要越能让孩子联想到你越好，例如是你常用的一条手帕、你和孩子的合照、你的领带别针、刻有你的名字的笔、你在家常穿的衣服等。

● 　请孩子们帮你挑选一张照片，让你带着它出差，并把它放在你投宿的饭店房间里，让孩子知道你随时都会想念他和家里的其他人。

>> 出门前向孩子道别

　　让孩子看见你出门，这对他们来说很重要。以前，我每次要出门服勤时，因为怕孩子难过，总是趁着孩子睡觉或不注意时悄悄出门，结果孩子反而慌张失措地满屋子找我。这几年我学到一件事，就是先对他们预告，然后让他们看着我出门。

　　每次出远门前，我都会不时地向孩子"预告"我要外出工作这件事、外出的时间有几天，以及什么时候回家。有时候孩子好像心理已做好了准备，不过，有时候他们还是会露出意外的神情，然后问道："你说你今天要出差是什么意思？"由于我以前飞的航线都比较短，孩子已经很习惯了，倒也不会难以接受；只是现在我常飞欧洲线，工作的时间变长了，孩子们需要更多时间去适应。

——容珍

　　让孩子清楚明确地知道你要回来的时间，是帮了孩子和全家一个大忙。你可以利用数日卡来消除孩子的焦虑感，使他们更能具体掌握你回家的日子还有几天。

● 在出差前，依据你出差的天数，把数日卡准备好。

● 和孩子一起把数日卡挂在"联络基地"里。

● 向孩子解释数日卡的使用方法：每晚取下数字最大的卡片，当只剩下数字1的卡片时，表示第二天你就会回家了。

● 告诉孩子你出差第一天的目的地。如果第一天你会到好几个地方，就把第一个地点告诉他们。如果孩子的年纪大一些，也可以把其余的地点告诉他们。

● 当你无法按照约定的日期回来时，孩子会感到非常失望，因此，一旦你的行程有所变动，一定要记得打电话通知家人，请家人增加数日卡。

>> 出差期间的感情联系

在出差期间，你仍然可以和孩子保持情感的互动，除了通过电话、电脑等方式互动外，还可以把你出差地点的纪念品带回去送给他。如果孩子有收集邮票的嗜好，那么当你到不同国家出差时，还可以把所到国家的邮票买回来送给孩子。

 出差时的联络方式

你可以制作一张"出差时的联络表"，交给保姆、照顾孩子的大人，或者贴在"联络基地"里，方便他们有需要时与你联系。

★ 出差时的联络表 ★

出差日期：_____

出差地点：_____

交通工具：□汽车　　□飞机　　□火车

路线或航线：

_____

第一天的停留点：

电话：

_____

第二天的停留点：

电话：

_____

第三天的停留点：

电话：

_____

⭐ 收集免费的纪念品

　　当父母到外地出差时，唯一会让孩子有所期待的，大概就是能收到父母带回来的礼物或纪念品。但许多父母到外地出差时，不是购买一些昂贵的东西回家给孩子，就是买回来的东西只能让孩子维持几天的兴趣热度。与其花大钱购买一些孩子不感兴趣的礼物，不如带一些出差途中随手可得的免费纪念品，既省钱又不至于供不应求。

　　这些出差途中方便取得的小东西、小礼物，你也许觉得没什么价值可言，但有时候孩子却非常喜欢。孩子们可能会用它们来感受不同地方的风情，或者把它们加入"扮家家酒"的素材，玩起"出差"的游戏，从中获得许多想象与乐趣。

出差途中的免费纪念品项目清单

● 旅馆或饭店提供的盥洗用品，如香皂、乳液、洗发精、防晒油、沐浴乳、针线包、梳子、信纸、干洗袋、擦鞋袋等。

● 餐厅的菜单、纸巾、装饰饮料的小饰品、特殊造型的牙签与小纸伞。

● 机场、火车站和公车站的时刻表、印刷精美的垃圾袋、飞机上免费提供的杂志。

● 外国的纸钞、钱币、观光手册、邮票、收据。

>> 结束工作回家

　　虽然我和我先生都需要出差，但我们并没特别规划结束工作回家的状况。先生出差时，我留在家照顾孩子；我出差的话，就换他照顾孩子。我以为这是最好的安排，孩子应该不会感到焦虑或失落，然而事实上并非如此，每次我出差时，小女儿就会变得很任性、特别难相处；后来我发现，假如当初我们有做一些处理，应该能适时化解小女儿的任性行为。毕竟，对年纪幼小的孩子来说，只要父母不在身边，不管是几个小时或几天都是很漫长的。

　　于是，从4年前开始，当我先生或我出差回家时，另一半都会带着孩子在家门口迎接，不过孩子现在大了，除了家人之外，也有自己的同学朋友，因此我们改变了方式，当孩子的爸爸出差回来时，我会开车带孩子到机场接她们的爸爸，如果是我出差，我先生也会做同样的事情。

——克莱尔

　　出差前，你要为孩子做好心理准备；结束工作返家时，也需要有同样的动作。当孩子把"联络基地"的数日卡全部都取下来的时候，他们就知道第二天会看到你了。也许每个人——尤其是孩子——对团聚的时刻都充满美好的想象，但是我们都知道，现实和想象之间往往无法画上等号。

事实上，除非你出差的地点离家不远，否则在你返家的时候，你大概已经因为长途舟车劳顿而筋疲力竭。在终于抵达家门的那一刻，你就像一只长途跋涉过泥沼的狗，只想大大地喘口气，好好地休息、睡上一觉，而你的另一半或孩子的保姆却早已引颈翘首，期盼赶快看到你出现在门口，好把孩子和整个家交还给你，然后他们也可以好好喘一口气。至于你的孩子，则像个压缩了好久的弹簧，凝聚了所有的力气，准备在看到你出现在门口的那一刻，使尽全力弹跳到你身上，然后把你不在家期间所发生的大小事情一股脑儿都说给你听。

　　对于已经疲累不堪的你来说，这幅画面无疑是场难以承受的灾难，当然，如果你事前做了准备，就可以避开这场可怕的灾难。

身心俱疲回家时

结束工作后，历经舟车劳顿再加上时差关系回到家，你绝对需要一段时间来调适身心，而且通常已经累到没有多余的力气立刻关注孩子的状况了。这时，如果你不想让热切期待你回家的孩子失望，最好的方法就是转移他们的注意力。例如，孩子最兴奋的时候通常是你回家的第一个晚上，但这也是你感到最疲累的时候，所以不妨在回家前请另一半去租一部孩子们喜欢看的电影，在你回家的第一个晚上就全家人窝在沙发上观赏电影，而你可以趁机休息，喘一口气。

当你疲累不堪地回到家时，还可以利用以下几个方法暂时转移孩子对你的注意力。

● 回家后先与孩子相处一两个小时，然后请你的另一半照顾孩子，让你先休息一下。如果家里有雇用管家或保姆，请他们多停留几小时，或多停留半天。

● 在你回家之前，先找个地方（如安静的咖啡厅、餐厅或酒店）独处两三个小时，让自己好好地放松、休息一下。

● 如果孩子的年岁稍大，就事先告诉他们你出差回来时会很累，请他们给你几个小时休息，然后再陪伴他们。

● 租几部老少咸宜的电影一起观赏，再订一些外卖速食，然后一家人边吃边看电影边聊天，你也可以借机小小恢复一下精神。

● 如果你很疲倦，请照顾孩子的人在你回来的第一晚安排孩子到户外活动，例如看电影、骑脚踏车、散步，或去拜访亲朋好友。

● 请孩子给你几个小时休息，并建议他们在你休息的时候把他们准备要与你分享的图画、手工创作与故事完成。

重回正常的生活轨道

当父母满身疲惫回到家，没有精力照顾家人的需要时，并不表示他们不想见到家人，而是他们太累了；同样的，孩子看到出差返家的父母时没有兴奋的反应，也不表示他们不爱你，也许他们正忙着做自己喜欢做的事情，或者正跟许多同学或同伴玩得非常投入。无论是出差的父母或待在家里等待父母返家的孩子，每个人都无法随时随地保持最佳状态，都需要一段时间调适，无法像电灯开关一样，"啪"一下就立刻来电。

——克莱尔

面对出差回来的父母，不一定每个孩子都是充满期待的，很可能会有许多不同的反应。有的孩子会兴奋地抱着你不放，有的孩子的反应则完全相反。有时候，孩子内心的感受其实是很错综复杂的，他们既想拥抱父母，但又气父母把他们留在家里，他们害怕再度接近父母的结果可能是再一次与父母分开，于是便表现出冷漠的态度，或者对父母耍脾气。

要回到正常生活轨道并不困难，但是要回到父母的角色，就需要花一点时间。以下建议的活动或许派得上用场，让你可以协助家人回到正常生活的轨道上。

● 在出差结束之后，如果可以的话，就向公司请半天假，这半天的时间将有助于你和家人回到正常生活的轨道上，否则家人可能会觉得才刚回到家的你却又很快地从他们的生活中消失了。

● 鼓励孩子讲述你出差期间家里发生的事情，陪着孩子一起回忆。

● 把你出差期间对孩子的思念告诉他们，让他们知道你是多么想念他们。

● 在"家庭互动站"上贴上"我很高兴回到家！"的字条。

● 和孩子一起把你带回来的相片、明信片、纪念品等贴在簿子里，并简单地叙述每样东西的故事。

● 带孩子去他们喜欢的地方。

● 找时间补偿伴侣的辛苦，可以安排一顿浪漫的烛光晚餐、看一场电影，或共度一个只有你们俩的夜晚。

第九章

保持情绪稳定

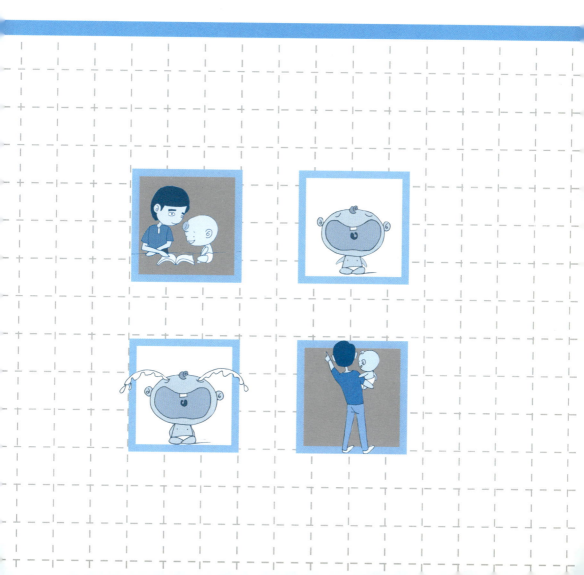

在儿子上幼稚园之前，每天早上我出门工作时，他还在被窝里睡觉，而晚上我下班回家后，我们只有两个半小时的相处时间，然后他就得上床睡觉了。相处的时间太短、太少这件事情一直很困扰我，也让我对他感到很歉疚。我真的愿意不计代价，只求能消除这种感觉，但我知道自己没有办法。

——淑真

　　我们多多少少都会对孩子产生愧疚与担忧。其实，对孩子适度的担忧对亲子关系是有益的，它促使我们不停地反省与检视，是否有给孩子足够的安全感与关怀。只是，绝大多数的父母对孩子的担忧都不是适度的，而是过度夸大的，以致让这种过度的担心影响了我们正常的生活。如果你也是这种过度夸大的父母，那么你该找专家谈谈，尽力把你的情绪控制好，并将它导向积极的行为。

>> 评估你的情绪

　　心存成见、过度感情用事或预设立场，有时候会让我们看不清自己真正的情绪。通过以下所提供的技巧，你可以对自己的情绪与真正的感受作一次精确的评估。

 触发情绪的原因

- 是因为担忧孩子的安全吗？
- 觉得自己陪伴孩子的时间太少而感到愧疚吗？
- 孩子是不是有什么问题令你忧虑？
- 照顾孩子的人是不是让你觉得无法完全放心？

请把你遇到的实际状况以文字形式详细描述出来。

触发情绪的时间

你第一次察觉触发上述情绪的时间是在什么时候？或者，从什么时候起它们真正让你感到困扰？以下是可能的情况：

● 这种情绪已经困扰我有一段时间了。

● 我最近觉得和孩子相处的模式越来越固化与无趣，几乎每天下班回到家就是催他们做功课、催他们去洗澡、催他们上床睡觉。

● 看着孩子渐渐长大，我竟然有种落寞的感觉，总觉得他们会越来越不需要我了。

请把你遇到的实际状况以文字形式详细描述出来。

评估问题

● 触发你情绪的问题，是否与孩子的安全有关？如果是的话，要尽快采取必要的行动，但在采取行动前，先确定你的担忧是否合理。

● 评估一下自己是否有能力掌控这个问题。如果是你无力掌控的问题，就只能接受问题的存在，但如果是你可以掌控的，则继续思考下面几个问题：

1.孩子也认为那是个问题吗？

2.这个问题是暂时性的状况吗？

3.这个问题在短时间内会自行改善吗？

4.如果它涉及一些很基本的问题，你愿意为解决它而做任何改变吗？

理清你的感觉，找出解决的办法之后，便要采取行动。采取行动前要先决定解决办法的优先顺序并参考孩子的意见，如此才能有效地解决问题，而且在将计划付诸行动时也不要太心急，特别是如果涉及孩子的安全时，更要放慢脚步，再依据实际状况适时地调整方法。

学着放心

在确认了你的情绪与担忧后，或许你会找不到一个合理的方法来解决问题，毕竟你无法在出差的期间要求照顾孩子的人绝对不能因为个人生病、发生紧急事件或任何理由而耽误了接送孩子的时间。你唯一能做的就只有尽力而为，然后信任照顾孩子的人。总之，从离开家门的那一刻起，你要学会"放心"。

你可以试试以下几种"放心"的方式。

● 几率放心法：针对你心中所担忧的事情，列出一份你不该担忧的理由清单，然后将所有理由逐一念出，同时问问自己，它们发生的几率有多高，然后你就会发现自己过于庸人自扰了。

举个例子：你担心父母亲在帮忙照顾孩子期间，会心脏病突然发作。

不该担心的理由：我母亲的身体状况良好，我父亲有按时服用心脏病的药，病情控制得很好。万一父亲真的心脏病发，母亲绝对可以处理状况，所以我担心的问题发生的几率其实微乎其微。

● 当你的情绪被触动时，通过心灵类图书的阅读，学习让自己放心。

● 问问你的朋友或同事，是否有过与你同样的经验与感受，问问他们如何减轻这种忧虑和担心。

面对问题，正向思考

当内心不安、愧疚的情绪被触发时，要积极、正向地面对它。有时候，正向思考与小小正向的作为，就能让你重新找到力量去掌控并改变负面的情绪。下列的建议也许能帮助你和孩子摆脱负面情绪的阴影。

● 出门时，心中抱持正面的想法，相信孩子能受到良好、安全的照顾。

● 请教有类似经验的人，学习他们的处理方法。

● 成立一个支援性的团体，定期聚会并交换意见。

● 在"家庭互动站"上、孩子的书包里、铅笔盒里、枕头上留下小字条，告诉孩子你有多爱他们。在屋里四处放字条给孩子。

第十章

陪伴，给孩子留下美好回忆

小时候，我记得我爸爸因为工作的关系，常常要到国内外出差，有一次，他出差的地点是国内南部某个拥有亚洲最大海洋生物馆的地方。那次因为旅程不会太遥远，他决定带着我一起出差，我们搭乘长途火车南下，还吃了火车便当，那便当的滋味我至今难忘。我父亲因为工作关系无法经常陪伴我们，但他总是努力为每个孩子创造特殊的人生经验，我是5个小孩中唯一一个曾经陪他一起出差、一起坐火车、一起吃火车便当的孩子，这个经历让我觉得自己很重要、很特别，觉得我完全地拥有我爸爸。

　　这个故事是我所认识的某位家长回忆年幼时与父亲相处的一段往事。他从父亲身上学到了陪伴孩子的"量"固然很重要，但是陪伴的"质"更重要，否则"大量"的陪伴只会让孩子感到有压力、想逃离。

　　当我和其他父母聊天时，经常会聊到一个话题："你们记得小时候和父母亲一起做的哪件事，而那件事情让你觉得自己很特别吗？"每个人的答案都令我印象深刻，同时也强烈地体会到一个人不论成就多么伟大，终其一生，令他们最回味同时也是最美好的记忆，都是父母亲与他们相处时的共同经历。

这些回忆不一定都是重大的事情，在他人听起来可能再平凡不过。它们与庞大的金钱花费无关，也不是什么昂贵的玩具或礼物。它们通常都是孩子长久期待的某种东西，或是令孩子感到意外但美好的事情，那些事情之所以令孩子在成人后依然记忆犹新，是因为他们觉得自己参与了父母的人生，自己变成父母心中重要的人物。那些事情也许不会不停重复发生在孩子的生活中，但那个过程所留给他们的美好回忆，更胜于每天得到昂贵的玩具或礼物。对此，一位爸爸的注解非常贴切——重要的是过程，而不是结果。

　　他们的回忆让我清楚地了解到，作为父母，我们在陪伴孩子的过程中所传递给孩子的，绝对能给他们产生重要的影响，让他们对自己有美好的感觉。这影响虽然不一定是立即的，却是长远的。